JN418690

Rim poe

시인 임보

장닭 설법

임보 시집

장닭 설법

Poetics 시학

■ 시인의 말

오늘의 현대시는 독자들로부터 외면을 당하고 있는 것 같다. 독자들이 시를 읽지 않는 이유는 간단하다. 시가 따분하고 재미없는 글이 되고 말았기 때문이다. 시도 소설 못지않은 재미를 지니고 있다면 읽지 말라고 해도 밤새워 읽을 것이 아닌가. 어떤 이는 시의 고고성을 역설하기도 한다. 그래서 시를 흥미롭게 쓰는 것은 마치 시의 위의威儀를 허무는 일로 생각해서 이를 꺼리는 경우도 없지 않다. 그러나 '흥미' 와 '위의' 를 상반의 관계로 보려는 견해는 온당치 못하다. 이는 흥미 위주의 통속소설에 대한 선입견 때문이리라. 흥미진진한 소설 가운데도 얼마든지 예술성을 지닌 명작들이 많지 않는가. 아니 재미없는 소설이 명작이 될 수는 없다. 시라고 해서 다를 것이 무엇인가. 재미없는 시보다는 재미있는 시가 바람직한 것은 더 말할 나위도 없다. 문제는 재미있게 쓰면서도 격을 떨어뜨리지 않게 하는 것이지, 격을 지키기 위해서 재미를 배제하려는 것은 잘못된 판단이다.

무엇 때문에 시라는 글을 써서 세상에 내놓는가? 세상에 내놓을 때는 많이 읽히기를 기대한 것이 아닌가? 어떤 이는 소수의 몇 고급 독자들만을 상대로 한다는 지론을 내세우기도 하지만 이는 본심을 감추는 억설일 뿐이다. 고급 독자라고 해서 재미있는 시를 꺼려하지 않는다. 날로 위축되어 가고 있는 시문학을 소생시킬 방법은 시를 흥미롭게 만드는 일밖에 없다. 더욱이 여러 종류의 흥미로운 문화 매체들이 대중들을 휘어잡고 있는 오늘날 이러한 시의 반성은 절실하다.

나는 시를 흥미롭게 하는 방법의 하나로 시 속에 이야기를 담는다. 시의 내용이 서사성을 지닌다. 말하자면 소설적인 요소를 시에 끌어들인다고 해도 좋다. 나는 이를 일러 설화시說話詩라고 한다. 이 시집은 설화시들의 묶음이다. 기행시들을 곁들이기는 했지만 이들 역시 대부분 설화적 요소를 담고 있다. 이 이야기시들이 여러분을 잠시라도 즐겁게 할 수 있기를 기대해 본다.

2006년 11월

임 보 씀

차 례

2

3

4

5

1

스승

1

지난여름 내설악의 계곡에 들어 찬물에 발을 담그고 한잔씩 기울이면서 거나해지자 요새 아이들 버르장머리 없다는 얘기로부터 시작하여 지나간 제 스승들 자랑을 했다.

우리 조지훈趙芝薰 선생은 말일세, 한 학기에 세 번쯤 강의를 하는데 두 번은 개강과 종강을 알리는 강의고, 학기 중간의 한 번은 어쩌다 월급 지급일과 겹치는 날이었네. 그분은 아예 학교 출근을 잘 안 하셨는데 지금처럼 온라인 통장이 있었더라면 검은 두루마기 차림의 그 준수한 모습도 못 뵐 뻔했지…. 한 시인의 자랑이다.

우리 스승 장욱진張旭珍 선생은 말일세, 강의실이 아예 대폿집인데 제자놈들에게 술만 가르쳤지. 흥이 나면 당신의 고무신짝을 벗어 그것으로 술잔을 했는데 거기다 막걸리를 따라 당신이 먼저 자시고 차례로 돌렸단 말이시. 그런 학교생활도 귀찮다고 일찍 그만두고 말았지만…. 한 화가의 자랑이다.

우리 스승 구자균丘滋均 교수는 말일세, 학생들에게는 교재를 읽으라고 지정을 해주고 당신은 교탁 뒤에 쪼그리고 앉아 책가방에서 소주병을 꺼내 혼자 홀짝이며 술을 즐겼는데, 강의시간이 끝날 무렵쯤엔 너무 취해서 몸을 가눌 수가 없었단 말이야, 그러면 제자들이 업어다가 연구실에 누여 놓곤 했지…. 한 국문학자의 대꾸다.

그러자 곁에 있던 한 스님이 끼어든다.

내 스승은 내게 10년 동안 한 말씀도 안 해주셨는데 하도 답답해서 어느 날 부처가 무엇이냐고 물었더니 주장자로 내 골통을 내리치더란 말일세. 경봉鏡峰 선사 얘기다.

도대체 가르친다는 것이 무엇인가?

지나간 스승들은 그렇게 가르쳐서 훌륭한 제자들을 길러냈다.

스승도 제자도 없는 오늘 참 답답도 하다.

2

새 학기를 맞게 되어
학생들에게 다시 시詩를 강의하면서
시가 무엇인지 아직도 잘 모르는 내가
시에 대한 얘기를 지껄이면서
무엇이 진짜 가르치는 일인가를 곰곰 생각해 본다.
시인 지훈이
화가 욱진이
학자 자균이
선사 경봉이
다 그렇게 하며 지냈던 것은
그랬으리, 그러했으리
그들도 나처럼 무엇을 가르칠 것인가 회의했으리
학문學問 — 그 불확정不確定의 덧없음
허황한 지식들
차마 이것들을 진리眞理처럼 가르칠 수는 없었으리
그들은 거짓을 거부할 수 있었던 용기로운 선비
양심을 지키는 스승들이 아니던가

그래서 그들은 가르치지 않고도
일만一萬 제자들의 스승으로 길이 남았다.

팔영산八影山

전남 고흥에 팔영산이란 명산이 있다. 여덟 봉우리가 올망졸망 솟아 있는 돌산인데 오르는 길이 아기자기 다양해서 등산객들이 즐겨 찾는다. 문인산악회 회원 몇 사람이 지난 정월 초승께 팔영산에 올라 시산제始山祭를 드린 바 있는데, 세속에 전한 그 산의 전설은 다음과 같다.

어느 날 이 산의 여덟 봉우리가 중국 어느 임금의 세숫대야에 어른거려서 사람을 풀어 탐색을 해본 바, 바로 조선의 이 산이기로 이름을 팔영八影이라 했다는 것이다.

그러나 이 이야기는 어딘가 좀 모자란 듯한 엉성한 느낌이 든다. 말하자면 이야기의 머리든 꼬리든 어느 부분이 잘려나간 것만 같다. 어쩌면 머리와 꼬리가 다 떨어져 나가고 가운데도막만 남아 있는 것인지도 모른다.

산 아래에 능가사楞伽寺라는 절이 있기에 승방의 더운 아랫목에서 언 몸을 지지며 하룻밤 지내는데, 마침 오래 묵은 한 노승이 곁에 있기에 그를 졸라 이것저것 산에 얽힌 얘기들을 들어 보았다. 그가 들려 준 말에 조리가 잘

닿지 않은 부분도 있어 그대로 다 믿기는 어렵지만 내 나름대로 다시 엮어 보이면 대강 이러하다.

옛날도 옛적에 한 호호백발의 도승道僧이 이 산골에 살고 있었는데 그는 천년 묵은 산삼밭을 가꾸고 있었다. 그 소문을 듣고 어느 날 장대 같은 장정 여덟 놈이 이 산골을 찾았다. 장정들은 그 도승 앞에 꿇어 엎드려 청하기를 그들은 진시황의 명을 받아 삼천갑자 동방삭을 찾아 불로초를 구하러 동방에 왔노라고 아뢰면서 신약의 한 뿌리를 간청했다. 이에 도승이 이르기를 그대들의 정성이 갸륵하니 그냥 보낼 수 없겠구나. 허나 이 영약은 내 것이 아니라 신명의 것이니 천지신명께 천일기도를 하고 얻어 가라고 했다. 그러나 그들의 기도는 백일도 채 못 되어 거덜이 나고 말았다. 그동안 삼밭을 몰래 염탐한 놈이 있어서 어느 날 밤 그들은 삼을 훔쳐 줄행랑을 치고 말았다. 그러나 어이된 일인지 도망간 그놈들은 밤새도록 산봉우리만 빙빙 맴돌다 드디어는 얼어붙어 바위로 굳어지고 말았으니 역시 그 산삼은 사람의 것이 아니라 신명의 것이었던가 싶더라. 그리고 이 산의 모습이 진시황의 세숫물에 비친 것은 아마도 그의 어리석은 욕심을 꾸짖기 위한 것이나 아니었는지 모를 일이다.

그래서 팔영의 '영' 자를 '영影' 대신 '영靈' 자를 쓰기도 한다.

자, 어떤가. 이렇게 고쳐 놓고 보니 이야기의 아구가 좀 맞아떨어진 것 같지 않는가?

화계삼소華溪三笑*

며칠 전에 난정蘭丁과 함께 화계사華溪寺 입구 우이연농실牛耳硯農室에 들러 시와 그림을 보면서 문배주를 서너 병 비웠는데 때가 자정이 넘었다. 나중에 알고 봤더니 연농실 주인의 백일百日 금주계禁酒戒가 깨지는 날이었다. 우리는 껄껄 웃으면서 화계삼소라고 농을 했다.

* 화계삼소: 진晋의 혜원慧遠이란 중이 여산廬山 동림사東林寺에 머무르면서 호계虎溪라는 개울을 넘어 속俗에 접하지 않기로 스스로 안거금족安居禁足의 계戒를 두어 지키는데, 어느 날 도연명陶淵明과 육수정陸修靜 두 사람이 찾아와 놀다 돌아가는 배웅길에 그만 호계를 넘고 말았다. 호랑이의 으르렁거리는 소리를 듣고서야 혜원이 파계破戒함을 알고 세 사람이 마주 보고 손뼉을 치면서 웃어댔다. 이를 일러 세상 사람들이 호계삼소虎溪三笑라 한다.

운정韻井

개신운헌開新韻軒은
청주淸州에 있는 내 다락방 이름이다
12층 높은 다락에서 밑을 굽어보면
여기가 바로 중천中天 — 구름 속만 같다
매실주 한 잔 앞에 놓고
이화중선李花中仙의 노랫가락이라도 울려 놓고 있으면
여기를 일러 선계仙界라 해도 무방하리라
지상地上에 사람들은 많아도 대작對酌할 사람이 없어서
세란헌주인洗蘭軒主人이 분양해 준 오죽烏竹 한 그루를
분에 담아 곁에 놓고 잔을 기울이는데
키는 작아도 잎의 기세가 맑아
그놈에게 '운정' 이라는 호를 달았다
학교에서 돌아와 제일 먼저 베란다의 문을 열면
열다섯도 채 안 된 맑은 소녀의 손가락처럼
청순한 잎들이 하늘대며 나를 반긴다
그놈이 이리 정을 주다니 인연도 참 묘쿠나
그런데 지난 여름방학 중
몇 주일 서울에서 뒹굴며 지내다 문득

운정을 생각하고 부랴부랴 청주로 달려왔다
이 무슨 흉칙한 꼴이란 말인가
운정은 목이 마르다 지쳐 누렇게 메말라 있었다
물을 듬뿍 붓고 놈의 몸에 손을 얹으니
잎이 우수수 떨어진다
내 무슨 욕심으로 그놈을 분 속에 가둬
이렇게 목 태워 죽이다니
그놈이 얼마나 나를 원망하며 불렀겠는가
운정의 시신屍身을 곁에 놓고 붓에다 먹을 입힌다
화선지 위에 청아한 그놈의 자태를 살려 보고자 하나
내 마음이 이미 흐려 붓이 말을 듣지 않는다
저 뿌리에서 혹 다시 싹이 돋아
부활할 수는 없단 말인가
오늘밤의 매실주는 쓰다
이화중선의 가락도 무겁다
내 다락은 이미 선실仙室이 아니라
곡방哭房이다.

법구경

우이동牛耳洞 골짝에 성불사成佛寺라는 작은 비구니 절이 있는데 그 밑에 맑은 샘물이 흘러 사람들이 늘 그 물을 얻으러 줄을 서 있다. 어느 날 기다리는 물통이 너무 많아 어정거리다 절의 경내에 들어가 보았다. 법당은 보잘것없으나 수십 척의 큰 옥외 불상佛像이 눈에 띄는 절인데 마당 한 귀퉁이에 상추밭 딸기밭이 둬 평 일궈져 있는 것이 어느 여염집 뜰 같아 마음을 편안하게 한다. 뜰 앞에 조그만 표지판이 하나 서 있는데 거기에 다음과 같은 글이 새겨져 있다.

총명한 지혜로 나를 높이지 말고
문자文字를 가려 남을 업신여기지 말라
지극한 도道에는 사람이 없고
참된 이치에는 나가 없느니라
부디 항상 나의 분수를 지키고
항상 나의 허물을 살피되
정직正直함과 검소儉素함으로 체體를 삼고
사랑과 인내로 용用을 삼으며
푸른 산과 흰 구름으로 삼으며
물과 달과 소나무와 바람으로

마음을 아는 벗을 삼으라
그러면 거의 도인道人일 것이다

— 법구경에서

법구면 부처님 말씀이 아닌가. 괜찮은 경구經句라는 생각이 들었다. 대구對句의 조화도 아름답다. 그런데 제9행 "푸른 산과 흰 구름으로 삼으며"에서는 글의 아구가 맞지 않는다. '삼으며'의 목적어가 비어 있다. 제 7, 8행에서의 '체'와 '용'의 관계처럼 제 11행에서의 '벗'에 상응한 무엇이 있을 텐데 아마 기록자의 잘못으로 누락된 것일지 모른다.

빠져나간 그것이 무엇일까? 집? 가족? 스승? 내 나름대로 생각을 굴리다가 스님에게 물어보기로 하고 승방의 문을 두드렸다. 40대의 비구니 하나가 문을 반쯤 열고 내다보는데 잠시 졸았던 눈빛이다. 이 비구니의 대답은 지나가는 어느 스님이 적어 주신 것을 그냥 그대로 붙여 놓고 있을 뿐이라고 한다.

물통을 지고 내려오는 내 마음이 여간 개운치가 않다. 푸른 산과 흰 구름으로 무엇을 삼든 그것이 그렇게 큰 문제가 아니련만 나는 마치 부처의 덫에라도 걸린 듯 그 '무엇'에 매여 묵직한 기분이었다. 그리고 한동안 그 일을 까마득히 잊고 있었는데 어느 날 조계사曺溪寺 앞을 지나다 문득 떠올라 그 잃어버린 부처님 말씀을 찾으려고 불경서점에 들어갔다.

김달진金達鎭 선생이 풀어놓은 법구경은 전 26품品 423장章으로 되어 있는데 그 책의 시말을 아무리 뒤져 봐도 성불사의 말씀은 보이지 않는다. 이 무슨 까닭일까. 법구경도 여러 이본異本이 있단 말인가. 몇 개의 다른 책들을 들춰 봐도 못 찾기는 일반이다. 도대체 어찌 된 일인가. 지나가던 어느 중 녀석이 부처의 이름을 빌어 자신의 말을 전한 것인가. 그렇게 생각이 미치자 성불사의 그 말씀이 너무 매끄럽고 사치스럽다는 느낌이 들었다. 순박한 맛이 없다. 건방진 도풍道風에 젖어 있다. 여기저기 속된 구멍들이 엿보인다. '문자를 가려'는 너무 기교스럽다. '체, 용'의 표현은 현학적인 역겨운 냄새가 난다. '소나무'는 무더운 나라 천축天竺에서는 어울리지 않는 침엽수가 아닌가. 굳이 이 나무를 빌어 부처가 설법했을 리 없다.

이에 이르자 성불사의 그 말씀이 분칠한 여인의 얼굴처럼 천해 보이기까지 한다.

그리고 얼마나 지났던가 물을 얻으러 성불사에 다시 갔다가 한방 얻어맞았다. 그 스님에게 저 법구法句를 법구경 어디에서 찾을 수 있는가고 또 물었다. 그랬더니 그 스님 안색을 바꾸며 귀찮다는 듯 이르기를 구句가 좋으면 그것으로 받아들일 일이지 왜 따지냐는 것이다. 마음 속에서 찾으란다.

물통을 메고 산을 내려오면서 곰곰이 생각해 보니 그 스님 말씀이 옳다. 그동안 자구字句에 매어 번거로워 했던 내가 얼마나 어리석었던 것인가. 시끄럽기만 한 아무 쓸모도 없는 세상의 그 말들 — 그 한 구절이 빠졌으면 어떻고 더 있으면 어떻다는 것인가. 그것이 법구가 아니라 이구李句면 어떻고 장구張句면 어떻단 말인가.

백제기행

황덕주黃悳周 씨는 부여 구아리舊衙里에 있는 수정水晶 약국 주인이다. 서울에서 전전하다가 낙향한 처사다. 조그만 집 뜰 안에 수백 분의 난초들과 함께 살고 있다. 지난여름 우이동 시인들이 아내들 몰래 백제의 고도古都를 보러 내려갔다가 황 씨에게 붙들려 그의 집에서 그만 하룻밤 묵고 말았다. 그가 얼마나 날강도 같은 입심 좋은 술꾼이었으면 그의 아내가 홀로 지키는 산성山城 밑 그의 궁宮으로 우리 떼거리를 몰고 입성入城했겠는가.

그 많은 난들을 어떻게 다 돌보느냐고 했더니 그의 대답이 걸작이다. 자기가 난들을 돌보는 것이 아니라 난들이 자기를 따라온다는 것이다. 남이 버린 보잘것없는 놈도 그의 집에 데려다 놓으면 옆 놈의 흉내를 내면서 잎에 줄을 심기도 하고 꽃에 점을 달기도 한다며 웃는다.

지칠 줄 모르고 쏟아져 나오는 그의 얘기에 홀려 어리둥절하고 있노라면 연상 빈 술잔에 오미자술을 쏟아 넣고 있다. 그리고는 술꾼에게 좋은 약이란 약은 다 갖다 멕이는 것이 아닌가. 내 생각으론 낯선 사람들도 그를 만나 이렇게 떠밀려 가거늘 하물며 분 속의 난초들이 무슨 수로 그를 따르지 않고 버틸 수 있으랴 싶었다.

백제를 보러 부여에 갔다가 난초와 술독에 빠져 돌아왔다.

용잠龍簪

장위동長位洞 오수일吳壽一 사형 부인께서는 농주農酒를 그럴듯하게 잘 빚는데요

술이 익으면 그 고운 솜씨로 안주도 푸짐하게 장만하여 건너편 우이동 골짝으로 소식을 울리는데요

그럴라치면 골짝의 시인들 몸이 닳아 골마리 싸들고 달려가는데 그 뒤를 비님들도 때맞추어 따라 내리시는데요

빗소리에 통소 가락도 적시면서 이가 더러 빠진 이조 분청 사발을 용수 속에 푹 질러 청주를 퍼내 돌리는데요

우이동 주태백이들 종일 마셔도 끝이 없어 술찌거미에 물을 붓고 부어 술독 바닥까지 다 긁어대는데요

술이 좀 거나해지면 오吳 시인이 앉은뱅이책상 서랍 속에서 한 자 남짓한 둥근 막대기 하나 꺼내 놓고 자랑하는데요

그의 말로는 십수 년 전 어느 봄날 창경궁 처마 밑에서 파 온 것이라 하는, 한쪽 끝에 용의 머리가 새겨진 용잠이라는 은비녀인데요

어느 골동가가 그것을 보더니 궁녀 중에서도 상궁녀가 꽂던 것이라며 기백 냥 주겠다고 달라는 것도 뿌리치고

그렇게 간직하고 있다는 것인데요

그가 그것을 그렇게 아끼는 까닭은 아마 내 짐작에 밤이면 그 부인의 베갯머리에 더러 놔두고 싶어서 그런 것 아닌가 싶은데요

그 비녀가 진짜 제 주인 만나려고 수백 년을 그렇게 땅속에 숨어 있었던 것이었나 봐요.

관훈고서방寬勳古書房

인사동仁寺洞에 가면 〈관훈고서방〉이라는 책방이 있다. 이 가게의 주인은 오래 서양인 회사에서 근무를 하던 국제 신사인데, 무슨 까닭이었던지 우리의 옛날 책들에 관심을 갖더니 뒤늦게 공부를 시작하여 권위 있는 고서화 감정가가 되었다. 밤을 새우며 낡은 책의 먼지를 털어내고 돋보기를 들어 옛 사람의 자취를 살피는 일이 그렇게 즐거울 수가 없다고 한다. 옛책에 대한 그의 이러한 애정이 괜찮은 직장도 일찍 버리고 고서방을 갖게 했던가 보다.

관훈고서방은 지방의 장사꾼들에서부터 학자며, 예술가, 소인묵객騷人墨客 등 수많은 사람들이 드나드는 사랑방이다. 사람들이 그를 그렇게 좋아한 것은 정직正直과 신의信義 때문으로 보인다. 장사를 어떻게 정직과 신의로 할 수 있느냐고 말할는지 모르지만 그는 그렇게 하고 있다. 책을 사 가는 사람에겐 값이 마음에 걸리면 언제든지 다시 가져오라고 한다. 팔고자 하는 사람이 물정을 몰라 부르는 값이 너무 헐하면 서운찮게 더 얹어 주기도 한다. 그래서 그와 한번 거래를 한 사람이면 모두 단골이 될 수밖에 없다. 지방에 있는 고물상들이 좋은 물건을 구입했다고 전화로 알려 오면 그는 물건도 보지 않고 송금을 한다. 그렇게 하다 속으면 어떻게 하려고 그러느냐고 하면, 그렇게 해도 아직 크게 손해 본 적이 없다고 웃는다.

원앙처럼 오순도순 가게 일을 함께 보던 그의 부인이 몇 년 전 아직 이른 나이에 먼저 세상을 떴다. 그는 따스한 남도南道의 먼 고향 땅에 아내를 묻었다. 그리고 매주 몇 천 리 길을 오르내리면서 떠나간 부인을 보살피고 있다. 그래서 관훈고서방은 늘 일요일엔 문이 닫혀 있다.

바구미

곡식에서 자라난 바구미라는 작은 벌레는 검지만 선하게 보인다. 자세히 들여다보면 둔중한 몸통에 비해 짧고 가는 발들을 달고 있는 모습이 마치 물소의 형제 같다. 어느 요술의 나라에 살던 선한 물소들이 마녀의 심술로 그렇게 축소된 것인지도 모른다. 연민의 정을 불러일으키는 고독한 벌레다.

복대동 내 방에 고놈들이 나타나기 시작한 것은 지난겨울부터다. 자고 일어나면 어디서 기어나왔는지 몇 마리의 바구미들이 방바닥을 외롭게 방랑하고 있다. 마치 홀로 방을 지키며 쓸쓸히 지내고 있는 나를 위로라도 할 양으로 찾아온 것 같아 놈들을 그냥 방목하도록 했다.

그런데 방목의 허용이 문제였던가 보다. 놈들은 온통 내 방안을 북적대기 시작했다. 어떤 놈은 내 이불 속으로 비집고 들어오고, 또 어떤 놈은 내 밥상머리에 올라앉기도 하고, 또 어떤 놈은 내 책갈피에 기어들어 바장이고 있지 않는가.

견디다 못해 놈들을 소탕하기로 했다. 기는 놈들을 모조리 잡아 유리병 속에 밀어넣었다. 그런데 투옥投獄의 소문이 돌았는지 이상한 변화가 일어났다. 방바닥을 기던 놈들이 이제는 공중을 날아 벽과 천정으로 이동을 했다. 그 놈들에게 날개가 있다니, 저 단단한 검은 몸뚱이 속에 날개를 감추고 있었다니, 참으로 놀라운 일이었다. 이제 보니 물소가 아니라 독수리의 후예들 같아 소름이 돋았다.

지난밤에는 독수리들의 나라에 붙들려 가 곤혹을 치렀다. 사막의 온 천지가 온통 독수리 떼들인데 그 날개 소리가 귀를 찢는다. 어떤 놈은 내 머리를 스쳐 날고 어떤 놈은 내 등짝을 치며 달려든다. 내 가슴을 물고 찢으며 덤벼드는 놈과 싸우고 싸우다 잠을 깼다.

아침에 유리병 뚜껑을 열어 갇힌 바구미들을 문 밖으로 석방했다.

몽화夢禍

지난밤엔 요정들의 나라에 빠져 들어갔다. 세상이 온통 백화난만한 봄 동산인데 오색 고깔을 쓴 요정들이 올챙이 새끼들처럼 우글거리고 있다. 어떤 놈은 배꽃처럼 희고 어떤 놈은 도화처럼 붉다. 기왕에 이렇게 되었으니 마음에 드는 놈 하나 골라잡으려니 하고 손을 뻗치면 곧 잡힐 듯 잡힐 듯 하다가도 이내 도망쳐 가며 뒤돌아보고 웃는다. 이 무슨 기갈스런 봉변이란 말인가.

또 지난밤엔 산도적들의 소굴에 붙들려 갔다. 높은 성채의 벼랑 위에는 해골을 그린 검은 깃발이 펄럭이고 봉두난발의 무리들이 불개미 떼처럼 와글거리고 있다. 광장에 모닥불을 피워 놓고 통돼지를 구워 가며 술을 마시고들 있다. 두목의 앞에 끌려간 나는 얼마 안 있어 참수형을 당하기로 되어 있다. 이 무슨 청천의 날벼락이란 말인가. 헌데 가만히 들여다봤더니 두목의 얼굴이 눈에 익다. 어디서 봤더라. 옳지 그놈이 아닌가. 텔레비전 드라마에 등장한 바로 그 악당 그놈이다.

또 지지난 밤엔 성인聖人들의 세상에 끌려 들어갔다. 눈처럼 흰 맑고 눈부신 세상인데 모두가 다 노인들뿐이다. 치렁치렁 도복을 걸친 백발의 노인들이 나무 그늘 아래 앉아서 부채질을 하고 있다. 주위를 어정거려도 누구 하나 나를 향해 말을 걸어오는 사람이 없다. 도대체 이 노인들은 무슨 재미로 살아가고 있단 말인가. 하루 종일 이들과 함께 지낼 일을 생각하니 앞이 캄캄하다.

꿈들을 깨고 나서 곰곰이 생각을 해 본다. 내 무슨 욕망의 그물에 사로잡혀 그처럼 고된 꿈들을 엮었단 말인가. 요정들의 나라는 너무 어지럽다. 성인들의 나라는 너무 무료하다. 도적들의 나라는 너무 무섭다. 그래도 내 체질에 가장 지낼 만한 곳은 적당히 괴롭고 무던히 짭짤한 이승의 삶인가 보다. 오늘밤엔 또 어느 나라에 붙들려 가 곤욕을 치르게 될는지 모를 일이로되, 만약 꿈의 신[夢神]이 있어 내 소원을 들어 준다면 내 이르리라. 내 열서너 살 적 그 산과 들판으로 되돌려 보내 달라고—.

아아무啞兒舞

세란헌주인洗蘭軒主人이 〈관향회觀香會〉를 벌인다는 전갈이다. 12월 그믐께 푸른 눈을 밟고 우이동 산록에 자리한 그의 집을 찾았더니, 사랑에는 이미 몇 사람의 소인묵객騷人墨客들이 차를 마시면서 한 그루의 난초 향기를 즐기고 있다. 일경구화一莖九華의 보세報歲다. 분청 백자분을 뚫고 솟대처럼 솟아오른 하나의 꽃대에 아홉 개의 꽃잎이 기러기 날개 시늉을 하고 떠 있다. 주인이 10년을 공들여 피워낸 꽃이다. 그놈들이 쏟아낸 그윽한 향기가 방안에 가득하여 문을 여닫을 때마다 출렁거리며 옷깃에 파고든다. 이 향기를 무엇이라 이를 수 있을까. 빛깔로 그린다면 엷은 비취라고나 할까. 소리로 친다면 해금의 낮은 가락일레라. 열대여섯 살 어린 신방의 냄새가 아마 이런 것이려니 하고 그놈 가까이에 코를 자주 갖다 댔더니…… 내가 안 되어 보였던가. 떠나올 때 주인이 아예 그놈을 내 품에 덥석 안겨 준다.

포우거사抱牛居士가 〈취율연醉律宴〉을 마련한다는 소식이다. 백운동白雲洞 계곡의 맑은 물가에 자리를 폈는데 송주松酒에 더덕 안주다. 소리의 주인공은 설매雪梅라는 동기童妓인데 가야금 가락에 적벽부赤壁賦를 싣는 품이 제법이다. 그 소리 요요히 산천에 스며드니 숲 속의 멧새들도 기웃거리며 깃을 여민다. 세상에 저런 계집을 어디에 감추어 두고 길을 들였단 말인가. 내 앞엔 아예 산천은 없고 세상은 온통 소리만 가득하다. 흥에 겨워 시詩를 읊조리니 고년이 제법 궁우宮羽를 얹어 내 뒤를 좇는다. 포우가 눈치를 채고 내 가까이 오더니 귀에다 대고 소곤거린다. 마음에 들면 자네가 머리를 얹어 주게나. 내 열일곱 해를 길렀건만 역시 나보다는 자네가 잘 어울리는 짝인가 보이. 이 무슨 공덕의 날벼락이란 말인가.

고불은옹古佛隱翁이 〈요요정樂樂亭〉에서 부른다. 정자는 남해南海 십이매도十二梅島의 군봉들이 물 위에 머리를 조아리고 있는 청학도青鶴島의 자하단紫霞壇에 자리하고 있다. 천 길 석벽의 위 — 학鶴의 정수리 형국이니 말하자면 〈요요정〉은 단정학丹頂鶴의 붉은 깃인 셈이다. 고불古佛이 평생 동안 3천여 개의 섬들을 섭렵하고 돌아다니다

골라잡은 승경지다. 물이 너무 많지 않아 허함이 없고 산이 너무 많지 않아 울함도 없다. 하늘과 산과 물이 이와 잇몸처럼 잘 어울려 금슬을 이루고 있는 별유천지別有天地다. 세속에 절은 초동급부樵童汲婦라도 이곳에 갖다 앉혀 놓으면 금방 신선의 팔촌쯤은 됨직도 하다. 지초芝草로 빚은 붉은 홍주紅酒를 조랑박만한 전복의 껍질에 따라 마시면서 물 위에 떠 있는 뭇 섬들을 내려다보는 기분이란 가히 천하일품天下一品이다. 노옹老翁이 경景에 푹 빠져 있는 내 꼴을 보고는 껄껄 웃으면서 '그렇게 마음에 들어 하니 반갑네. 나는 그동안 볼 만큼 보아 왔으니 오늘부터는 이 정자의 이름을 자네의 것으로 매달게.' 한다. 이 늙은이, 산해山海를 들어 온통 나를 후려칠 셈인 모양이다.

내 몸뚱이는 온통 욕심의 덩어리다. 말로는 초연한 척 능청을 떨지만 내 마음은 이목구비의 끈에 매여 꼼짝을 하지 못한다. 빛이 고우면 그 빛에 끌리고 소리가 맑으면 그 소리에 기운다. 혀는 맛에 길들어 있고 코는 냄새에 사로잡혀 있다. 트인 내 친구들은 이런 내 몰골을 알고 그들이 아끼는 것들을 내게 던져 나를 가르친다.

오늘은 내 운수재韻壽齋에서 〈아아무〉라는 한바탕 춤판을 벌여 그동안 그들에게서 빚진 것들을 다 되돌려 주고 싶은데 내 뜻대로 잘 따라 줄는지… 아니면 더 무거운 짐들을 지고 와 내 곁에 부려 놓고 도망쳐 가지나 않을까 걱정이다.

자천紫泉

지난여름 내설악에 들렀다가
산 속에서 술병을 하나 얻었는데
관솔뿌리에 구멍을 뚫어 만든
목병木甁이다
병 속에 소주를 붓고 잠시 기다리면
솔 냄새 향긋한 송주松酒가 된다
발그스레한 그 빛깔도 괜찮거니와
멋대로 다듬어 빚은 그 모양새도
제법 운치가 있어 좋다
내 그놈에게 '자천' 이란 이름을 달아
우이동 시꾼들이 자주 드나드는
갑산甲山집에 놓아두고 함께 즐긴다
세상일에 쫓겨 한동안 뜸했다가
엊그제야 모처럼 갑산에 들러 자천을 찾았더니
어이된 일인지 예전의 몰골이 아니다
굴러다니는 술청의 계집처럼
어딘가 수심의 땟물에 젖어 있다
가만히 들여다봤더니

밑이 헐어 술을 흘리고 있지 않는가
계집이 손을 많이 타면 몸이 헐듯이
이놈도 술꾼들의 등쌀에 이미
청순清純을 잃었단 말인가
생각이 이에 미치자
어린 딸년을 주가에 내맡긴 애비의 가슴 같아서
영 울적하기만 하다
하기사 독한 소주로 매일 그렇게 우려댔거니
쇠로 된 몸뚱이인들 어찌 성할 수 있겠는가
솔의 뿌리를 파내서 술병을 빚다니
그 어느 놈의 주리를 틀 교활이란 말인가.

화엄실華嚴室

백담사百潭寺 대웅전 앞에 화엄실이라는 이름을 달고 있는 집이 있는데

그 집의 생김새가 참 묘하다.

남쪽의 추녀 끝은 부연을 달아 하늘을 떠받치듯 솟아 있고

북쪽의 지붕은 두부모서리처럼 잘려 있는 볼품없는 뱃집이다.

아직 못 본 이의 이해를 돕기 위해 그림으로 대강 보이면 다음과 같다.

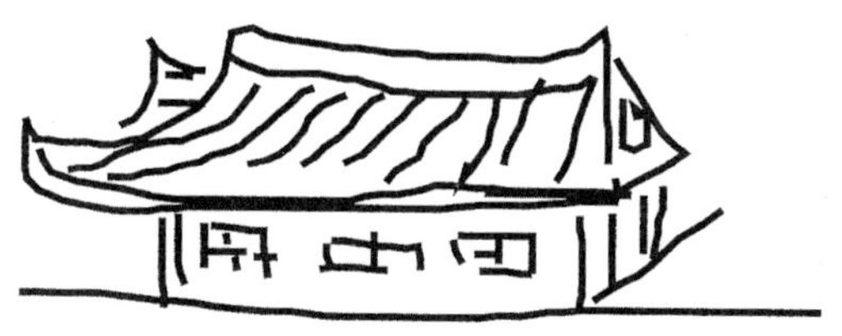

세상에 이 무슨 부조화란 말인가.

말하자면 두 양식을 결합한 엉터리 건물이다.

절의 주지에게 그 까닭을 물어도 대답이 석연찮다.

그런데 내설악 깊은 골짝에 숨어 있던 백담사라는 작은 절이

이 건물과 함께 근자에 와서 세상에 크게 드러났는데

연유인즉, 이 집을 거쳐간 바 있는 두 인물 때문이다.

한 분은 70여 년 전에 이 집에서 뒹굴며 『님의 沈默』을 써낸 선사禪師 만해萬海이고

다른 한 분은 수년 전 몇 해 동안 적거謫居해 있던 전직 대통령 일해日海다.

한 분은 그 곧은 정신과 붓으로 세상을 뒤흔들었던 지사志士였고

다른 한 분은 그 책략과 뚝심으로 세상을 제압했던 장수將帥가 아니던가.

그들이 반 세기를 사이에 두고 같은 방에서 기거起居하며 그 집의 주인으로 만난 것인데

생각하면 〈해海〉자 돌림의 아호도 우연은 아닌가 보다.

두 바다의 거센 파도가 그 집의 토벽에 부딪쳐 얼마나 출렁거렸을 것인가.

나도 하룻밤 그 절방에 등짝을 붙이고 누워

두 바다의 물결소리에 잠시 귀를 기울여 보면서
한 목수를 생각한다.
이미 기백 년 전에 눈 트인 한 목수가 있어
화엄실 용마루에 처음으로 먹줄을 놓을 때
장차 맞게 될 이 집의 주인들을 미리 생각했던가?
한 바다에는 날개를 달아 그 집으로부터 세상의 위를 치솟게 했고
한 바다에는 날개를 꺾어 이 집으로부터 욕심의 풍랑을 잠재우게 한
어느 목수의 화두話頭를 그렇게 지붕 끝에 매달았던 것인가?

2

진달래꽃

절의 마당에 차일을 치고
늙은 주지가 초례청을 만들었다
신랑은 석정釋井 스님
신부는 효동孝童 아씨다

네 살에 애비가 세상을 뜨고
다섯 살에 에미가 집을 떠나자
혼자 남은 할미가 손녀를 안았는데
그의 나이 열둘도 되기 전에
할미가 노망老妄에 이른다
그로부터
어린 손주 딸년의 등에 그 할미가 업혔는데
그 무거움 구구절절 어이 필설로 다 하리요
사람들이 그를 효동이라 불렀다
스물이 넘어 혼기에 접어들자
여기저기 욕심내는 사람들은 많아도
할미가 혹이 되어 데려갈 자가 없다
그러자 부처님이

그 효성을 가상히 여겨
튼튼한 중놈 하나 골라 내려보냈는데
그가 곧 석정이다

신부는 앞에 걸리고
신랑 석정이 할미를 업고 절을 오르는데
무겁지 않느냐고
까치들이 조잘대며 야단이자
중생을 업는 것보다야 이 얼마나 가벼우냐고
싱글벙글이다
온 산천을 가득 메운 하객들이
얼굴을 붉히며 따라 웃고 있다.

산행

벽치碧治라는 자가 산길을 가다 잠시 쉬면서 오리나무 썩은 등걸 밑에서 기어나온 벌레 한 마리를 보았다. 무슨 벌레일까. 모양은 풍뎅이 같은데 하늘소의 긴 더듬이를 달고 있었다. 그놈 이름을 몰라 궁금해 하다가 하늘소풍뎅이라고 부르기로 했다. 그런데 바로 그 옆에 또 다른 벌레 한 놈이 그를 노려보고 있었다. 고놈의 머리는 버마재비 같은데 몸뚱이는 벌이었다. 그놈에겐 벌재비라고 이름을 붙였다.

그런데 벌재비 뒤에 또 다른 놈이 기어나오고 있었다. 한 놈이 아니라 여러 놈들이 잇따라 행렬을 짓고 있었다. 그놈들은 마치 이름을 달려면 달아 보라는 듯 다투어 그 앞에 나타나는데… 뿔강아지, 개나방, 검잠자리, 개미뚜기, 쐐기거리마… 하다가 그만 맥이 빠졌다.

이 무슨 봉변인가. 내 어찌 저 많은 놈들에게 일일이 이름을 달아 줄 수 있단 말인가. 고얀 장난을 시작했다가 세상을 번거롭게만 만들고 만 셈이다. 그냥 여기 있으면 이놈, 저기 있으면 저놈 하면 될 것을 굳이 왜 이름의 고삐를 달아 서로를 얽어매려 했던가. 제 몸뚱이 묶고 있는 제 이름도 이리 무거운 짐이거늘 그것도 벗을 줄 모르면서 남을 얽어매려 하다니 어리석고 어리석은 일이로다.

벽치는 쓰고 있던 갓과 망건을 벗어 내동댕이치고 산으로 기어올랐다.

박장대소

산을 오르던 동천冬川 목이 말라
물을 좀 얻을까 하고 암자에 들렀다
물을 긷고 있던 늙은 스님 빙긋이 웃으며
참 오랜만이요 하고 인사를 건넨다
마치 십년지기十年知己를 맞는 듯한 표정이 아닌가
동천도 얼떨결에
오랜만입니다 하고 대답했다
바가지의 물을 마시려 입을 대자
물 속에 스님의 민둥머리가
달처럼 떠 흔들리고 있다
물을 다 마시고 빈 바가지를 되돌리려는데
옛 월越나라에 경수鏡水라는 냇물이 있었지요?
그 냇가에 구부러진 참빗나무 한 그루
어떤 동자놈 가끔 그 나뭇가지에 옷을 벗어 걸어 놓고
미역을 감지 않았겠습니까?
하고 껄껄 웃는다
노승의 입술이 참빗나무 속처럼 붉다
(고이한 중놈이로고)

여보 스님, 천 년 뒤쯤 서장西藏의 한 산골에
화和라는 나라가 있지 않겠습니까?
그 나라 하늘을 도는 한 마리 매鷹
매의 깃털을 적시는 푸른 눈바람
우리가 가지 못할 곳이 어디 있겠습니까?
하고 동천 받아넘기자
노인 박장대소 왈曰
참빗나무가 매로구나
참빗나무가 매로구나
산골이 떠나가게 소리를 지른다.

줄

불두弗頭란 강도놈이 지옥의 수렁에 빠져 허우적대고 있다
천상天上의 주공蛛公이 내려다보고 있다가
몸에서 실을 뽑아 불두의 머리 위로 내려보낸다
전생에서 불두가 길을 가다 거미 한 마리를 밟지 않고 피해 간 적이 있었다
이 얼마나 반가운 일인가
거미줄을 잡고 불두란 놈 지옥의 수렁에서 절반쯤 빠져 올라온다
올라오다 밑을 보니 놀랍기도 하구나
제놈 뒤를 따라 수많은 녀석들이 아우성치며 매달려 있지 않은가
깜짝 놀란 불두 밑을 향해 버럭 소리를 지른다
"줄 떨어진다 손 놓아라 이 개새끼들아!"
그러자 곧
줄이
뚝
끊어졌다.

소

어느 날 공자님이 제자들과 더불어 길을 가다가
말뚝에 매달려 고개를 하늘로 쳐들고 우는 말을 보고
"소로다"라고 한 마디 했다.
따라가던 제자들은 스승이 왜 '말'을 가리켜 '소'라고 이르는지
그 뜻을 헤아리지 못해 어리둥절했다.
제자들은 제각기 나름대로 그 깊은 뜻을 새기느라 속으로만 끙끙댔다.
기지로운 한 제자가 제일 먼저 고개를 끄덕였다.
말[午]이 고개를 드니 소[牛]라고 부를 만하다고
글자 풀이로 해석을 했다.
평소 성미가 급해 자주 꾸중을 듣던 한 제자는
'저 말처럼 서두르지 말고 소처럼 차근차근하라'
는 훈계로 받아들였다.
또 다른 제자는
말은 병정兵丁의 것이고 소는 농부農夫의 것이니
말은 병화兵禍, 소는 평화平和의 상징이 아닌가. 그러니
'쓸모 있는 동물은 말이 아니라 소다'

라는 뜻으로 풀었다.

아무리 생각해도 그 오묘한 뜻을 헤아릴 수 없었던
멍청한 제자가 한 둬 마장쯤 지나간 뒤에야
참다못해 부끄런 듯 스승께 물었다.
"선생님, 말을 가리켜 소라고 이르신 뜻이 무엇이나이까?"
그러자 공자님 잠시 있다 생각난 듯
"말을 보고 말이라 하지 누가 소라고 한단 말이냐!"
통명스럽게 내질렀다.

백미오두란白米五斗蘭

처사處士 동초童初의 것으로 '백미오두'라고 제題한 난초 그림 한 폭이 있다. 부채꼴에 일경삼엽란一莖三葉蘭을 그린 것인데 그 형상은 대략 다음과 같다.

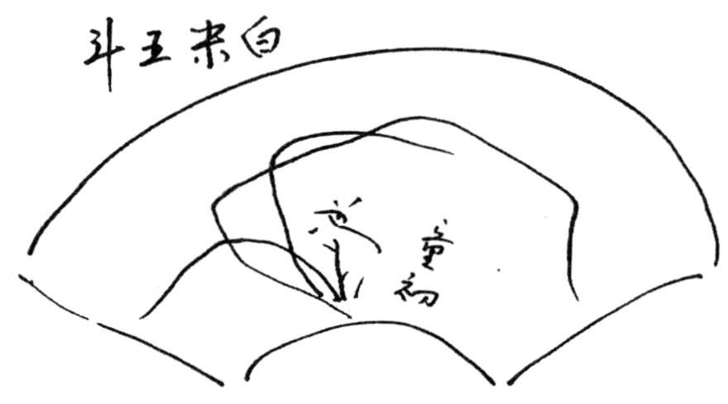

세상 사람들이 그 화제를 놓고 풀이하기를 그림이 그 제로 하여 더욱 기氣를 얻었다고 칭찬했다. '백미오두'는 오두미*로 하여 허리를 꺾을 수 없다는 오류五柳 선생** 같은

---

* 오두미: 얼마 안 되는 봉급을 뜻하는 말로, 송서宋書에 하찮은 녹을 먹기 위해 소인배들에게 허리를 굽힐 수는 없다[我不能爲五斗米折腰向鄕里小人]고 관직을 박차고 나왔다는 도연명陶淵明에 관한 기록이 있음.

** 오류 선생: 도연명이 그의 뜰 앞에 다섯 그루의 버드나무를 심어 놓고 유유자적하며 지냈다고 하여 그를 두고 오류 선생이라 일컬음.

선비들의 기백을 뜻하는 것으로 그 정신이 성긴 몇 잎의 난으로 높게 형상화되었다는 것이리라.

허나 지하地下의 동초 선생이 어찌 그 숨은 뜻을 드러내 세상의 어둠을 밝힐 수 있겠는가. 사실 '백미오두'는 동초의 글씨가 아니라 그의 아들 희방希方이라는 자의 것이다. 고을 사또의 생신을 맞아 종의 등에 지여 갈 선품膳品들을 기록하려던 것이었는데 무슨 연유에서인지 하나의 품목만 그렇게 써 놓고 버린 종이였다. 까닭도 모른 동초 그 종이의 여백이 아까워 한 그루의 난을 치고 장차 '백미오두'를 잘라 버릴 셈으로 부채꼴의 형상으로 금을 그어 놓았다. 그런데 이것이 뜻했던 이들의 뜻대로 되질 않아 그냥 세상에 전해지면서 걸작으로 받들리고 있으니… 하찮은 그림 한 폭이 이렇거늘 하물며 역사라는 기록은 더 말할 나위도 없으리라.

삼시충三尸蟲

북송北宋의 장군방張君房이 편찬한 『운급칠첨雲笈七籤』에 이르기를 사람의 몸뚱이 안에는 형체가 없는 삼시충이라는 놈이 들어앉아서 그 사람의 행동거지를 지켜보았다가 경신일庚申日의 밤에 그 사람이 깊이 잠이 들면 몸에서 빠져나와 천계天界에 올라가 그 사람이 저지른 악행惡行을 상제上帝께 일일이 고해바친다고 하는데 그 악행의 정도에 따라 120세의 정명定命이 차차 감소된다고 한다.

그리하여 사람들은 경신일 밤에 잠을 자지 않고 밤을 새우며 삼시충이 몸 밖으로 빠져나가지 못하도록 지키는데 그냥 새우기 지루하니까 술도 마시고 풍악도 잡히고 한다. 이것이 곧 경신수야庚申守夜라는 풍습이다.

유희柳僖의 『물명고物名考』에는 삼시충에 관해 기록하기를 사람의 뇌수 속에 들어 있는 것으로 하나는 팽질彭質이라 하고 또 하나는 팽교彭矯라 하고 또 하나는 팽거彭琚라 한다. 어떤 사람은 말하기를 상시上尸를 청고淸姑라 하고 중시中尸를 백고白姑라 하고 하시下尸를 혈고血姑라고도 한다. 이 삼시충은 언제나 보름날과 그믐날에는 상제에게 사람의 과실을 사뢰는데 만약에 사람이 욕심이 많으면 삼시가 그 사람의 뇌수를 다 갉아먹어 버리고, 청정淸淨하게 도道를 닦으면 시충이 소멸한다고 한다.

장군방張君房이 살았던 때가 북송이면 12C쯤 되는가 보다. 유희의 생존 연대는 18C 말에서 19C 초에 이르니 두 사람의 거리가 6, 7백 년 된 셈이다. 장張의 시대 삼시충은 두 달에 한 번씩 상제께 사람의 악행을 고하고 있는데 유柳의 시대에 이르러서는 한 달에 두 번씩 고하고 있다. 아마 보고할 것들이 너무 많아져서 경신일까지 채 기다리지 못했던 모양이다.

요새 삼시들은 너무 바빠져서 하루를 거르기도 힘들다고 한다. 뇌수를 다 파먹힌 사람들은 밤마다 제 몸을 떠난 시충들을 알지도 못하고 잠의 늪에 떨어져 썩어간다. 허기사 아무리 좋은 술과 풍악을 빌기로소니 매일 밤을 어떻게 뜬눈으로 새우며 제 썩은 몸뚱이를 지킬 수 있단 말인가.

남화경이본南華經異本

장자莊子의 『남화경』에 황제黃帝가 광성자廣成子를 찾아 지도至道를 묻는 일화가 소개되고 있다.

재위在位 19년의 황제가 광성자의 소문을 듣고 공동산空同山으로 찾아간다. 그리하여 천지天地의 정精을 취하고 음양陰陽을 조종해서 오곡五穀, 백성, 군생群生을 풍요하게 하는 방법을 묻는다. 그러나 광성자는 황제의 마음이 천박함을 탓하며 상대하려 하지 않는다. 황제는 물러나와 천하를 버리고 외로운 초막草幕을 지어 마른 풀잎을 깔고 앉아 석 달을 지낸 뒤 다시 공동산을 찾아간다. 누워 있는 광성자의 머리맡에 무릎으로 걸어 두 번 머리를 조아려 절하고 겸손하게 묻기를

"선생님께서 지도에 통달하신다니 감히 여쭈옵니다. 몸을 어떻게 가져야 오래 살 수 있나이까?"

그러자 광성자 벌떡 일어나 그 물음이 장히 좋다 칭찬하고 지도를 일러 준다.

"보지 말고 듣지 말고 정신을 고요히 하고 몸을 자연에 맡겨 두는 것이 그것이다."

이능화李能和 선생은 『조선도교사朝鮮道敎史』에서 '공동산空同山'을 '공동산崆峒山'으로 기록하고 있는데 이 산이 청구靑丘에 있음을 밝히고 있다. 내가 가진 『남화경 이본』에도 '공동산崆峒山'으로 되어 있는데 내용이 좀 다르다.

황제가 세 번째 찾아와서야 광성자가 비로소 일러 주는 것으로 되어 있다. 세 번째의 물음은 다음과 같다.

"선생님, 어떻게 살아야 평안히 사는 것입니까?"

광성자의 대답 또한 다르다.

"보고 싶으면 보고 듣고 싶으면 들으라.
먹고 싶으면 먹고 자고 싶으면 자라.
어떻게 살아야 하는가는 이미 네 몸이 스스로 알고 있다."

성성설화猩猩說話

『후한서後漢書』의 「서남이전西南夷傳」에는 창오산蒼梧山에 산다는 성성이라는 짐승의 이야기를 기록하고 있다. 사람처럼 말을 썩 잘하고 술과 짚신을 좋아한다. 또한 의심이 많아 떼를 지어 골짜기를 오르내린다.

사람들이 성성이 사냥을 하는데 이들이 다니는 골목에 큰 술통을 가져다 놓고 그 곁에는 수십 켤레의 짚신을 새끼줄에 매달아 서로 붙들어 얽어 놓는다. 그러면 성성이의 무리들이 지나다 이를 보고

"네놈들이 우리를 잡으려 하다니 고약한지고"

하며 꾸짖고는 그냥 지나쳐 버린다.

그러나 이윽고 한 놈이 되돌아와 술을 마시며 친구들을 부르면 모두가 다 되돌아와 그를 따라 즐겨 술을 마시며 짚신을 신고 뛰어논다. 이들이 취할 때를 기다렸다가 사람들이 달려가면 짚신에 발이 묶인 무리들이 뒤엉켜 있다 모두 붙들린다.

놈들을 우리 속에 넣고 사람이 이르기를

"너희 놈들 중 스스로 살진 놈을 먼저 밖으로 밀어내라"

하면 서로 마주 보면서 울기만 한다.

『천해경天海經』의 기록에 의하면 신神은 사람들이 오르내리는 길목에 '돈'과 '세勢'의 덫을 놓아두고 기다린다고 한다. 지나가는 자들이 이를 보고 남 앞에서는 더럽다 이르고, 남이 없는 틈을 타서는 앞을 다투어 서로 먼저 취하려 한다. 그런데 그 돈과 세라고 하는 것은 줄줄이 한 가닥에 얽혀 있어서 그를 붙든 자들은 다 함께 '철면피鐵面皮'라는 우리 속에 들어가게 된다.

우리 속에 갇힌 무리들을 보고 신이 이르기를

"너희 놈들 중 제일 먼저 손을 댄 자가 누구이냐 스스로 밀어내라"

하면, 서로 제 옆엣놈만 밀어내고 그 뒤에 숨으려 한다. 신이 인종人種을 가리켜 성성이만도 못하다고 하는 까닭이 바로 여기에 있다.

소리

이화중선李花中仙은 갓쟁이의 딸이다
댓 살 적부터 애비를 따라 남도南道의 장터를 돌며
갓을 팔고 밥을 빌었다
열셋에 어미를 잃고
열다섯에 남원南原을 지나다 박朴 씨 가문에 팔려 갔는데
들어가 보니 삼남매의 후처後妻 자리였다
남편은 벙어리요, 시에미는 구박이 심해
견디다 못해 집을 떠난다
그리하여 순창淳昌의 박수 장덕진을 만나
무당 소리를 배우며 육자배기와 판소리를 익힌다
스물넷에는 서울의 권번券番*에 진출하고
드디어 스물여섯에 「추월만정秋月滿庭」**으로 세상을 휘어잡는다
1943년 그녀 나이 마흔여섯 큐우슈우 공연을 떠나던 중
나가사키 앞 바다에서 수장水葬된 뒤에도

* 권번: 일제日帝 때 기생妓生들의 조합. 가무歌舞를 가르쳐 기생들을 양성했음.
** 추월만정: 심청이 대궐에서 아비를 그리는 대목의 노래.

그는 소리의 여왕으로 세상에 남는다
그런데 기이한 것은 기구한 그의 인생답지 않게
그의 소리는 너무도 부드럽고 쉽다 그러나
아편이 스미듯 혈관에 녹아 몽롱히 흔들어 놓는다
그가 떠난 지 반세기가 지난 지금도
낡은 SP음반에 담긴 그의 소리는 살아 있다

선인을따러간다
끌리난추매자락을거듬거듬걷어안고
피같이흐르난눈물옷깃이모두다사모친다

선인船人을 따라 심청沈淸이 가고 있다
갓쟁이 애비를 따라 이화중선이 가고 있다
남도의 보리밭 길에 종달새도 함께 간다.

거인巨人

황우黃牛라는 자는 팔 척 거구에 힘이 장사다. 여느 사람이 베개를 들듯 그렇게 볏섬을 들어 내던지기도 하고, 태풍에도 끄떡 않는 잣나무를 뿌리째 뽑아 올리기도 한다. 관官의 나리들도 그를 보면 꺼려하고, 맹수猛獸들도 그를 만나면 슬금슬금 피해 간다. 힘으로 따지면 강산江山도 옮길 만한 대단한 자다. 그러나 그는 허약한 제 계집의 마음 하나도 얻지 못한다.

박식朴識이라는 자는 기억력이 뛰어나다. 팔도의 지명은 말할 것도 없고 역사歷史, 인물人物들의 가보家譜며 초충어개草蟲魚介의 이름 하나하나에 이르기까지 모르는 것이 없다. 또한 법률, 물리物理에도 밝아 사람들이 답답한 일이 있을 때 그를 찾으면 풀어내지 못할 바가 없다. 가히 무불통지無不通知한 대단한 지자知者다. 그러나 그는 너무 자만하여 언행이 가볍고 방자하다. 그리하여 세상 사람들이 그의 앞에서와는 달리 그의 뒤에 돌아가서는 반드시 혀를 찬다.

장인張印이란 자는 손재주가 뛰어나다. 그의 손이 가 닿으면 부서진 물건들이 다시 제자리를 잡아 일어서고, 죽어가는 초목들도 되살아난다. 낡은 악기樂器도 그의 손에 들리면 명기名器가 되고, 버린 약초藥草도 그의 손에 이르면 선약仙藥이 된다. 세상 사람들이 그를 일러 재인才人이라 한다. 그러나 그러한 그도 문제가 없지 않다. 이利에 지나치게 밝아 정情이 엷다. 사람이 너무 차다. 그래서 그의 주변엔 별로 사람들이 모이지 않는다.

우공禹公은 멍청한 자다. 지식도 대단치 않고 재능도 별로 없다. 언변도 없고 힘 또한 없다. 그런데 사람들을 만나면 머리를 숙여 인사를 잘하고 남의 말에 늘 귀를 기울여 잘 들어 준다. 지체가 높은 사람이거나 낮은 사람이거나 대하는 것이 한결같고 어제와 오늘이 다르지 않다. 그를 만나면 사람들은 평안해 한다. 그래서 그 주위에는 늘 사람들이 모인다. 세상 사람들이 그를 일러 덕인德人이라고 한다.

고원금古猿琴

옛날에 고원금이라는 거문고가 있었는데, 그 울림이 심히 신묘하여 사람은 물론 짐승들의 가슴도 사로잡았다. 신비스런 일은 병이 든 자들이 그 가락에 귀를 적시면 병이 낫고, 사나운 짐승들도 그 소리 앞에서는 양처럼 유순히 누그러진다. 도대체 이 거문고가 어떻게 만들어졌기에 이렇단 말인가.

고서古書에 이르기를 후한後漢의 장중경張仲景이란 이는 명의名醫인데 그의 앞엔 병든 사람들이 늘 구름처럼 밀려든다. 어느 날 한 노인이 크게 부른 배를 안고 찾아와 진맥診脈을 청하기로, 살펴보니 사람과 달랐다. "인맥人脈이 아니라 수맥獸脈이로고" 하니 노인이 엎드려 사실을 고했다. "실은 이 산중에 사는 원숭이로 선생님의 인술仁術을 빌고자 둔갑遁甲을 했습니다. 살려 주소서" 이에 장중경은 병에 인수人獸의 구별이 있을까 보냐며 환약을 주어 치료케 했다. 늙은 원숭이는 돌아가 천 년 묵은 오동나무를 보내 그 고마움에 보답했는데, 장張이 이 오동으로 금琴을 만든 것이 곧 천하명기天下名器인 고원금이다. 그리하여 세상 사람들은 명의가 덕의德醫를 겸했을 때 고원금을 얻었다고도 한다.

거문고에 덕의의 혼이 깃들어 장이 세상을 떠난 뒤에도 금이 장을 대신하여 그렇게 세상에 덕을 베풀었던 것인가. 우리가 만진 한 개의 돌멩이나 나뭇가지 속에도 우리의 체온이 서려 세상을 덥게도 혹은 차게도 한다는 사실을 모르고 평생 그 많은 것들을 만나고 있으니 이 어찌 두려운 일이 아니겠는가.

물

선운사禪雲寺에 가면 추사秋史가 쓴 백파비白坡碑가 절의 문 앞에 서 있는데 그 무게가 천 년 묵은 대웅전 대들보를 들어올리고 있다. 또한 그 절의 선방禪房 뒤뜰엔 숨어 있는 현판懸板이 하나 있는데 네 귀퉁이가 불에 그슬려 찌그러져 있는 꼴이 여간 청승스럽지 않다. 〈상선약수上善若水〉라는 노자老子의 말씀을 음각陰刻한 것인데 노과老果라는 서명으로 미루어 보아 역시 추사 만년의 것이 아닌가 추정된다.

이 현판에 얽힌 얘기가 자못 흥미롭다. 정축丁丑년이라든가 을미乙未년이라든가 세상이 무척 곤궁해서 산중의 절도 끼니 잇기가 쉽지 않았던 어느 추운 엄동설한嚴冬雪寒 눈보라가 내려치는 칠흑 같은 밤이었던가 보다. 배는 고프고 몸은 추워 잠에서 짐짓 깨어난 주지 스님이 동자童子에게 군불을 지피라고 일렀것다. 그러나 아무리 기다려도 방은 더워 오지 않고 동자 또한 돌아오지 않자 스님이 아궁이에 몸소 내려가 보았다. 보아허니 동자놈 불을 일구려고 아궁이에 고개를 박은 채 열심히 입바람을 불어

넣고 있으나 어둠 속에 더운 연기만 가득할 뿐 불길은 보이지 않는다.

"스님, 이상하게도 아궁이에 불이 붙지 않습니다."

그렇게 동자놈 실랑이질을 하다가 드디어 날이 밝아 왔던가 보더라. 무슨 연고인가 스님이 아궁이에 내려가 보자, 장작더미 속에 추사의 현판이 들어가 있는 게 아닌가. 걸어 놓았던 현판이 바람에 날려 떨어진 것을 물정도 모르는 동자놈이 어둠 속에서 장작과 함께 아궁이에 밀어넣었던 모양이다.

〈상선약수〉

"이놈아, 물을 태우려 하니 물이 어디 말을 듣겠느냐?"

연기에 그을린 현판을 꺼내며 스님이 투덜거린 말씀이다. 현판의 〈수水〉자가 그렇게 밤새도록 불을 지켰던가 보더라.

솔

천 년 묵은 노송老松을 베어내면 그 뿌리의 한 서린 송진이 땅 속에 몇백 년 묻혀 지내는 동안 허연 혹을 만들어 내는데 이것이 곧 사람들이 복령茯令이라 일컫는 것으로 종양腫瘍의 선약仙藥으로 널리 쓰인다. 이 복령이 또한 몇천 년 땅 속에 묻혀 견디다 보면 통랑한 노란 보석으로 둔갑을 하는데 이것이 곧 호박琥珀이라는 것이다. 예로부터 선비들이 이 호박을 머리의 망건 줄에 관자貫子로 달아 밝히기도 하고, 즐겨 마고자의 고름으로 대신했던 일들이 다 까닭이 없지 않았던 모양이다.

이 세상에서 원통히 살다 떠나간 무리들아, 그대들도 지하에 묻혀 몇백 년 기다리다 보면 더러는 반딧불로 어둠을 깨고 솟아오르기도 하고, 또 몇천 년 더 버티다 보면 문득 하늘의 별들로 떠올라 온 세상을 만세무궁토록 반짝이게도 되는지 누가 알겠느냐?

광천狂泉

송宋의 원찬袁粲이란 이가 지은 『묘덕선생전妙德先生傳』에 '광천' 이라는 묘한 샘물 이야기가 나온다. 그 샘물을 마시는 자는 모두 미치광이가 되는데 나라의 백성들이 그 광천수를 마시고 다 제 정신을 잃어버린 세상이 되었다. 다만 궁중의 임금만 그 물을 아직 마시지 않아 사람의 본성을 지키고 있자 미친 문무백관들이 그 임금을 보고 큰 병이 들었다고 침을 놓기도 하고 뜸을 뜨기도 해서 견디다 못한 임금 또한 드디어 광천수를 마시고 함께 미치고 말았다는 얘기다.

며칠 동안 지존파至尊派*의 기사로 신문마다 난리들이다. 사람을 잡아먹다니 그런 미친놈들이 세상에 어디 있단 말인가. 만나는 사람들마다 치를 떨며 말세末世라고 한탄들을 한다. 그런데 도대체 지금 세상에 사람 안 잡아먹고 사는 정신 멀쩡한 놈이 어디 있단 말인가. 어떤 놈은 돈에

* 지존파: 1994년 엽기적인 강도 살인을 자행한 무리.

미치고 어떤 놈은 정치에 미치고 어떤 놈은 술에 미치고 어떤 놈은 색에 미쳐서, 새끼는 에미를 잡아먹고 군주는 백성을 잡아먹고 제자는 스승을 잡아먹고 장군은 졸개를 잡아먹고 동생은 형을 여편네는 남편네를 있는 놈은 없는 놈을 이사李四는 장삼張三을 잡아들 먹는데, 마치 사자가 사슴을 매가 꿩을 고양이가 쥐를 채듯 쥐도 새도 모르게 먹는 놈들은 — 아니, 많이 잡아먹는 놈일수록 승승장구 높은 자리에서 떵떵거리며 잘 사는 세상이거늘, 이 땅에 미치지 않고 사는 놈이 누구란 말인가. 나도 술독에나 빠져 허우적거릴 수밖에.

노고단老姑壇

예부터 태백太白 · 계룡鷄龍 · 토함吐含 · 팔공八公 · 지리智異를 남쪽의 오악五嶽으로 꼽는데 그 가운데도 지리를 으뜸으로 받들어 선신성모仙神聖母를 모시는 노고단을 그곳에 세우게 된 연유는 다음과 같다.

화랑花郞 우동출禹童出은 가난한 효자로 소문이 났다. 어느 해 여름철 낭도郎徒들이 산수수련山水修鍊을 떠나는데 젖은 땀옷을 갈아입을 여분의 옷이 없었다. 이에 노모老母가 그의 적삼과 속곳을 헐어 저고리 잠방이로 기워 줬다. 헌데 동출은 그것을 등에 지고 다닐 뿐 몇 날 며칠 산을 오르면서도 갈아입질 않았다. 산과 산을 돌다 보름쯤 되던 날 어느 산의 봉우리에 올랐는데 갑자기 안개가 서리고 주위가 숙연해지더니 한 노고老姑의 음성이 온 산천을 울리는데

"누가 내게 마른 옷을 바칠 자 없겠느냐?" 하거늘 아무도 가진 자 없어 망연히들 서 있는데 동출이 이윽고 나아가 등에 진 것을 내놓으니 그 짐과 함께 동출이 안개 속으로 사라져 가더라.

낭도들이 산을 내려와 본즉 마을에 또한 괴이한 일이 벌어졌다. 동출의 노모가 세상을 떴는데 그 시신屍身은 없어지고 입었던 옷만 그대로 칠성판七星板에 남아 있었다는 것이 아닌가.

이에 화랑의 무리들이 그 산 위에 제단을 쌓고 해마다 제사를 받들며 육신肉身에 날개를 키우는 아득한 도량道場으로 삼아오더라.

성삼문전成三問傳

1

삼문三問이 세상에 처음 태어나려 할 때의 일이다. 그의 조부가 역易에 밝았든지 태어날 아이의 시時를 미리 보았다. 했더니 때가 아직 이른지라 산고産苦를 앓고 있는 며느리에게 좀 참았다 낳으라고 일렀다. 그리하여 산모는 머리를 디밀고 밖으로 나오려는 아이를 발뒤꿈치로 괴고 앉아서 안간힘을 쓰며 버티었다. 한참을 그렇게 버티다 힘이 겨운 며느리가

"이제 때가 되었나이까?" 하고 묻는다. 그러면

"아직 더 참아라" 하고 시아비가 이른다.

그렇게 묻기를 세 번씩이나 하고 드디어 때를 맞추어 출산을 시켰다고 해서 아이의 이름을 삼문이라고 지었다는 얘기다.

2

집현전 학사로 있던 삼문이 세종의 명을 받아 훈민정음을 만들면서 명明의 운학자韻學者 황찬黃瓚의 자문을 구하러 요동 땅을 맨 처음 밟을 때의 일이다. 삼문은 오척단구

五尺短軀여서 그것이 마음에 걸렸든지 버선 밑에 솜을 괴어 한 치쯤 높여 신고 들어갔다. 그런데 어느 동구 앞 정자나무 밑에 이르렀는데 그늘 아래서 쉬고 있던 한 노옹老翁이 삼문을 보더니 혀를 끌끌 찼다. 괴이히 여긴 삼문이 그 까닭을 물은즉

"그대의 상을 보니 참 아깝기도 하다. 키가 한 치만 낮았더라면 천하문장天下文章이 되었을 터인데" 하더라는 것이다.

3

삼문은 문장뿐만 아니라 필력筆力도 출중出衆했다. 한번은 사신으로 연경燕京엘 간 적이 있는데, 마침 궁중宮中의 한 누각樓閣을 중수重修하고 나서 천정의 상량에 새로 상량문을 쓰고자 하는 참이었다. 임금이 사신인 삼문을 우대해서 그랬든지 아니면 삼문의 글 솜씨를 보고자 해서 그랬는지는 몰라도 그에게 상량문을 써 주도록 청했다. 키가 작은 삼문이 몇 개의 탁자를 괴어 놓고 그 위에 올라섰다. 큰 붓을 들어 상량에 글씨를 심어 가는데 그 웅혼한

필체에 감탄하는 소리가 여기저기서 쏟아져 나왔다. 그러자 밑에서 탁자를 붙들고 있던 한 신하가 투기妬忌가 일어 그만 실수한 척하며 괸 탁자를 무너뜨리니 이 무슨 낭패였겠는가.

헌데 삼문은 땅 바닥에 떨어지질 않고 붓이 상량에 달라붙어 그 붓대를 붙든 채 공중에 대롱대롱 매달려 있었다는 게 아닌가.

4

단종의 복위를 꾀하던 의로운 신하들이 수양의 무리들에게 국문을 받게 된다. 사륙신死六臣 중의 한 사람이었던 삼문은 그의 부친 성승成勝과 함께 삼족三族이 멸하는 참형慘刑을 당한다.

북은 어서 목을 베라고 조급히 울리고
저녁 해는 하늬바람 속에 기울어 가는데
저승길엔 나그네 머물 집도 없으리니
오늘밤은 뉘 집에 들러 자고 간단 말인가
擊鼓催人命 西風日欲斜 黃泉無客店 今夜宿誰家

형장의 이슬로 사라지기 전 그가 읊은 이 절명시絶命詩도 사람들의 심금을 울리거니와, 인두를 불에 달구어 등가죽을 지지던 형리刑吏들에게

"이 쇠가 식었으니 다시 달구어 오라"고 호통을 치던 그 무서운 기개는 오늘까지도 온통 세상을 뒤흔들어대고 있다.

아리랑

『청구야록青丘野錄』에는 우리 민요 「아리랑」의 내력에 관하여 다음과 같이 전하고 있다.

어느 왕조 때였는지는 분명치 않으나 남도인南道人 서금출徐今出이라는 서생이 과거를 보러 서울에 오르다가 장호원長湖院 근처의 한 주막에서 하룻밤 묵는데, 그 주막에 술을 사러 온 매홍梅紅이라는 이李 씨 여인을 보고 첫눈에 반하고 말았다. 매홍은 어느 부잣집 노비奴婢였는데 금출은 만금萬金을 주고 그녀를 샀다. 허나 돈이 없는 금출은 돈 대신 그 부잣집에 들어가 십 년 머슴살이를 작정했다. 과거고 뭐고 다 내동댕이치고 십 년 동안의 머슴살이를 끝낸 뒤 드디어 매홍을 둘러업고 섣달 보름 달밤 고개를 넘어오것다. 그 기분 얼마나 삼삼허것는가. 금출이 제 홍에 겨워 소리를 허는디

> 아리랑我李娘 아리랑 아라리我羅李요
> 아리랑 고개로 넘어간다
> 아리 아리랑 서리徐李 서리랑徐李娘
> 아라리가 났네.

호란胡亂

간자웅肝子熊주에
이상한 침략자가 나타났다고
파발마가 급히 달려와 중앙에 보고를 했다
놈들은 검은 두건을 쓴 괴한들로
산의 바위틈에 구멍을 뚫고 기생을 하며
살아 있는 모든 것들을 갉아먹고 사는데
놈들이 지나간 자리는 흑사병의 유적지처럼 폐허가 되고 만다
용맹스런 붉은 홍위병들이 달려가
목숨을 걸고 토벌을 벌였으나
침략자 흑군을 섬멸하기는 만만치가 않다
그도 그럴 것이
한 놈을 죽이면 어이된 일인지
그놈의 심장 속에서 수백 마리의 벌레들이 쏟아져 나와
그놈들이 다시 검은 병사들로 일어섰다
그러니 죽일 수도 살릴 수도 없는
진퇴양난의 난처한 처지가 아닌가
중앙에서 특공지원군이 달려가

최신의 화학 무기로 초토화 작전을 시도했다
레이저 무기로 포격을 하고
화염방사기로 놈들의 기지를 온통 잿더미로 만들었다
검게 탄 진지는 거대한 무덤처럼 잠잠했다
그러나 그러한 섬멸 작전도 아무런 효력이 없었다
홍군들의 총구가 채 식기도 전에
흑군들은 검은 폐허의 무덤 속에서
다시 머리를 들고 돋아났다
그들은 마치 콩나물시루 속의 그 콩나물 대가리들처럼
더욱 무성하고 빽빽이 지상의 검은 표피를 뚫고 일어섰다
막강한 장비도 무용지물
홍군들은 점차 지쳐 쓰러지고
드디어 간자웅의 심장부도 검게 물들기 시작했다
간자웅은 거대한 대식국大食國의 내륙에 자리한
조그만 주에 불과하지만
전 국민의 주식으로 공급되는 막중한 식품 가공공장이 자리한
절대절명의 요충지

흑군의 침탈로 공장의 기능이 마비되어
전국의 식량 공급이 중단되자
유통질서의 혼란과 함께 곳곳에 소요가 발생하고
세상이 흉흉해졌다
황제가 대로하여 전국에 계엄을 선포하고
인내와 결속을 호소했지만
굶주린 백성들을 거둘 길이 없다
외국에서 화급히 구급식량을 끌어다 대지만
그것도 역부족
길가에는 무기도 제대로 가누지 못한 홍군들이
즐비하게 쓰러져 눕고
그들의 등을 밟고 흑군들은
일사천리 전국으로 진군해 나갔다
도대체 저 작은 흑두병黑頭兵들을 다스리는 자가 누구란
말인가
거대한 나라 대식국의 황제는 드디어 넘어지면서
그보다 더 힘이 센 어떤 손이
그의 목을 짓누르고 있음을 비로소 깨닫는다.

3

설화雪禍

내가 설산雪山의 정상에서 노닐 때의 일이다. 어느 날 남南의 우후수리 봉峯에서 북北의 다우다히 봉으로 건너뛴 적이 있다. 발꿈치를 굴러 무심코 건너뛰는데 돌멩이 하나가 내 미투리의 뒤축에 걸려 그만 밑으로 굴러 떨어졌다. 겨우 내 주먹만한 크기의 하찮은 것이었는데 그것이 우후수리의 가파른 계곡을 구르면서 주위의 잠자던 눈들을 흔들어 깨웠다. 처음에는 가느다란 담배연기처럼 산비탈에 뽀얀 눈길을 만들더니 이윽고 눈사태의 개울이 되고, 여울이 되고, 드디어는 강물이 되어 천둥 같은 포효와 함께 두 봉우리 사이의 큰 계곡 전체를 눈구름의 소용돌이 속에 묻고 말았다.

내 근래 이 소란한 시정市井에 밀려와 살면서 가까스로 하루와 하루 사이를 날마다 건너뛰고 있다. 건너뛸 적마다 내 발부리에 걸린 것들이 한두 가지가 아니다. 때로는 높이 쌓아올린 어느 놈의 담장이 걸리기도 하고 때로는 솟아오른 어느 놈의 머리통이 걸리기도 한다. 그 걸리는 것들 이루 다 헤아릴 수 없어 이제 나는 내 발밑을 아예 보지 않기로 작정했다. 하지만 저녁에 돌아와 잠자리에 누우면 멀리 우루렁거리며 밀려가는 소리들의 메아리가 지축을 울리고 있는 것을 듣는다.

유하혜柳下惠

옛날 노魯나라의 대부大夫에 전금展禽이라는 사람이 있었다. 사람됨이 커서 그가 베푼 덕혜德惠는 늘 그의 주변을 떠남이 없었다. 그는 커다란 버드나무 밑에 움막을 치고 살고 있어서 사람들은 그를 또한 '유하혜'라 부르기도 한다. 맹자孟子도 그를 일러 「불이삼공역기개不以三公易其介」(정승의 지위를 가지고 유혹해도 그의 절개를 바꿀 수 없다)라고 했다.

어느 추운 겨울날 그가 여행길에서 여사旅舍에 투숙한 적이 있었는데, 길거리의 한 가난한 여인이 그를 따라 들어왔다. 그는 그 여인과 하룻밤 함께 지냈는데 여인의 언 몸을 녹여 주기 위해 아침까지 품에 안고 잤는데도 아무런 난행亂行도 없었다고 한다. 이를 두고 세상 사람들은 성현이 아니고서야 어찌 그리할 수 있겠느냐고 했다.

나는 지금 이순耳順을 눈앞에 둔 나이인데도 거리에 지나가는 여인의 곧은 다리만 봐도 마음이 어지럽다. 내 언제쯤 소인잡배小人雜輩들의 무리에서 벗어날 수 있을는지 아득하기만 하다.

장닭 설법

— 송대宋代의 선승禪僧에 설두중현雪竇重顯이란 이가 있었다. 그가 역대 선승들의 선禪에 얽힌 일화逸話 백 개를 묶어 낸 책이 『송고백칙頌古百則』이다. 이 책은 각 장마다 고승들의 일화를 소개하는 〈본칙本則〉을 앞에 두고, 끝에는 이를 칭송하는 선시禪詩 〈송頌〉을 붙이고 있다. 설두雪竇보다 한 80여 년 뒤에 온 선승 원오극근圜悟克勤이 이 『송고백칙』에 〈수시垂示〉〈착어着語〉〈평창評唱〉*을 매달아 보완해 낸 것이 「벽암록碧巖錄」이다. 그러니 「벽암록」의 원저자는 설두이고 원오는 그 보완자라고 할 수 있다. 설두와 원오는 같은 사천성四川省에서 태어났지만 시대를 달리 살았던 사람들이다. 성격 또한 사뭇 달랐다. 설두는 무척 겸손하여 남의 앞에 잘 나서려 하지 않는 소극적인 인물이었지만 원오는 그와는 달리 적극적인 성격의 사람이었다. 당대의 선지식들을 우습게 여기고 운수행각을 일삼던 안하무인의 걸승이었는데 어느 날 괴질에 걸려 죽을 고비를 치르고는 그 자만심으로부터 벗어났다.

원오가 태평산太平山에 기거하고 있던 그의 스승 법연法演의 문하로 다시 돌아온 지 한 보름쯤 되던 날이었다. 진

---

* 수시: 〈본칙〉의 이해를 돕기 위해 그 앞에 덧붙인 서론.
착어: 〈본칙〉이나 〈송〉의 자구字句에 대한 설명인 주註.
평창: 〈본칙〉이나 〈송〉에 연유된 고사를 밝히거나 〈본칙〉에 대한 보다 자세한 강론講論.

陳이라는 사람이 벼슬을 그만두고 향리로 돌아가는 도중 태평산에 들러 법연에게 법문을 청하는 일이 있었다. 법연은 다음의 소염시小艶詩**를 들어 설법했다고 전한다.

> 소옥小玉아 소옥아 하고 자주 소옥이를 부르지만
> 소옥에게 무슨 일이 있어 그런 건 아니로세
> 다만 남몰래 정든님 찾는 소리였을 뿐
> 頻呼小玉元無事 只要檀郎認得聲

진체眞諦는 이와 같이 말의 밖에 숨어 있는 것이라는 내용의 설법이었던가. 진陳은 거기 담긴 뜻이 무엇인지 알지 못하고 그저 겉소리만 듣고 자리를 떴다. 곁에 있던 원오圜悟가 스승에게 대들었다.

"님은 님이고 법法은 법이잖습니까?"

그러자 법연은 소리를 버럭 질렀다.

** 소염시: 안록산과 양귀비의 고사를 소재로 한 시. 양귀비가 몸종 소옥이를 부르는 것은 정부情夫인 안록산을 남몰래 찾는 암호였다고 함.

“조사祖師가 어떤 놈이냐? 서西에서 온 뜻이냐? 뜰 앞의 잣나무니라!”

이 말을 듣자 원오는 온 세상이 환히 밝아오는 기쁨을 맛보았다. 그래서 방을 튀쳐나가는데 그때 마침 한 마리의 장닭이 담장 위에서 홰를 치고 길게 울었다. 그 소리를 듣자 문득 “이것이다!” 하고 크게 깨달았다고 한다. 그러니 그 장닭이라는 놈의 설법이 법연 선사의 그것보다 한 수 위였던 모양이다.

요령 소리

보화普化는 미친 중이다. 밤이면 공동묘지의 무덤들 사이에 끼어들어 잠을 자고 낮이면 시정에 내려와 구걸을 한다. 목탁 대신 작은 요령을 들고 다니는데 지나가는 사람의 뒤에 다가가 종을 흔들어 돌아다보면 손을 내민다. 집도 절도 없는 이 거렁뱅이 중을 세상 사람들은 미친놈으로 치부해 버리는데 그를 알아 준 사람이 하나 있기는 하다. 선종禪宗의 거두인 임제臨濟 선사만이 가끔 그를 불러 이야기를 나누며 지낸다.

보화가 어느 날 시정의 무리들에게 남루를 벗고 싶으니 누가 내게 새 옷을 보시할 사람이 없는가고 외치고 다녔다. 어떤 인정어린 불자가 있어 자신의 적삼과 바지를 헐어 승복을 만들어 주니 그것이 아니라며 고개를 흔든다. 다음엔 가사를 지어 그에게 내밀어도 또한 그것이 아니라며 물리치고 만다. 이러한 소식을 임제가 듣고 새 옷을 만들어 놓았으니 가져다 입으라고 행자를 보내 보화를 청한다.

임제가 지어 놓은 옷이란 한 개의 목관木棺이었다. 보화는 임제가 마련한 목관을 고맙게 받아 둘러메고 시정에 나가 외쳐댄다. 내일 아침 내가 동문東門 밖에 나가서 죽으리라. 다음 날 아침 수백 명의 사람들이 미친 중의 죽음을 구경하러 동문 밖에 가득 모여들었다. 허나 관 속에 들어앉았던 보화는 오늘 일진日辰이 적절치 못하니 내일 남문南門 밖에서 행하리라 한다. 투덜대며 돌아간 군중들 가운데 다음 날 남문 밖에 구경나온 사람은 수십 명에 지나지 않았다. 그러나 그날도 역시 세상을 버리기에는 적절치 못한 날이라며 그의 죽음을 하루 더 미루어 서문西門 밖에서 행하겠다고 알린다. 욕설을 퍼붓고 돌아간 구경꾼들 가운데 다음 날 서문 밖에 나온 사람은 불과 서너 명에 그쳤다. 그러나 그날도 보화는 제 죽음의 날을 그 다음 날로 연기하는 것이 아닌가. 그래서 그 죽음을 지켜보려 북문北門 밖에 나온 사람은 아무도 없었다.

관 속에 들어가 누운 보화는 길가는 사람을 불러 관의 뚜껑을 닫고 못을 쳐 줄 것을 당부했다. 관에 못을 박은 자는 시중에 이르러 이 이야기를 전하니 뭇 사람들이 달려가 보화의 죽음을 확인하고자 닫힌 관의 뚜껑을 열었다. 그런데 이상하게도 관의 속은 텅 비어 있었다. 비어 있었지만 그가 평소에 울리고 다니던 요령 소리만이 딸랑딸랑 울리고 있는 게 아닌가.

파리똥

세상을 이미 떠난
어느 대가의 시詩 한 편을 놓고
기라성 같은 비평가들이
화려한 논란을 쏟아냈다

문제가 된 것은
시행詩行의 중간에 찍힌
하나의 피리어드(종지부終止符)였다

수식어와 피수식어를 갈라놓음으로
시정詩情의 미적 확대를 의도적으로 꾀했다.

의미의 연결에 포즈(pause)를 줌으로
이미지의 자동화를 방지한 낯선 장치다.

복잡다단한 현대 도시 소시민의 순간적인
의식의 단절을 시각화한 것이다.

일상적 구문의 해체로 심리적 갈등 곧
정서의 와해를 표출하려 했다.

알다가도 모를 현학적인 해설들이
작품보다 더 어렵게 지상을 수놓았다

거기에 왜 마침표가 들어가야 하나?
아무리 해도 이해를 못한 한 숙맥 시인이
출판사에 찾아가 대가의 친필 원고를
가까스로 찾아보았다

원고에 분명 마침표가 찍혀 있었다

(그러나
그 마침표의 생산자는 대가가 아니라
한 마리의 불손한 파리였던 것을
세상은 아무도 몰랐다)

토네이도

바람은 다 방향이 있다
북에서 오는 바람은 북풍이요
남에서 오는 바람은 남풍이다

그런데 그 바람이 미쳐서
동으로 가려다 남으로
남으로 가려다 다시 서로
서로 가려다 다시 북으로…
이렇게 방향을 잃고 뒤범벅이 되면
드디어 하늘을 향해 치솟아 오른다
그것이 바로 회오리바람

어떤 회오리바람은
가로수를 뽑아 던지고
자동차와 지붕을 날려보낼 만큼
거대한 것도 있다
1999년 4월 미美 중서부 오클라호마
46명의 목숨을 앗아간 토네이도

도대체 바람은 왜 미치는가?
무슨 한이 서려 그렇게 회오리치며
지상의 것들을 무참히 뽑아
내동댕이치는가?

그것은 원혼冤魂들의 반란이다
한 맺힌 영혼들이 지상을 떠나지 못하고 맴돌다
드디어 한 데 뭉쳐 뒹구는 절규다
토네이도는 아메리카 대륙의 주인이었던
인디언 전사들의 영령이 뿜어내는 아우성이다
죽은 자가 결코 죽지 않았음을 선포하는
사자死者들의 처절한 시위다.

나나이모

캐나다의 맨 서쪽에 '밴쿠버 섬' 이 있는데
길게 뻗어 내린 그 섬의 동남쪽에
나나이모라는 작은 도시가 있다
나나이모는 원주민 인디언 말인데
'다 여기 모이자' 라는 뜻이라고 한다

옛날 광활한 북미대륙에서 말을 달리던
용맹스런 원주민 후예들은
지금은 거리의 빈민가에서 알코올 중독자로
혹은 마약에 병들어 폐인들이 되어가고 있다
수천 년 동안 지배해 왔던 저 풍요로운 대지를
총을 든 날강도들에게 다 빼앗기고 말았으니
이 얼마나 분통이 터질 노릇인가

볼기짝에 푸른 몽고반점을 지니고 있다는
아메리카 원주민들은 우리들의 사촌 몽골리언
어느 언어학자는 아파치족의 '아파치' 의 어원은
우리말의 '아버지' 라고 주장하기도 한다

영국 프랑스 스페인…
서양의 백인놈들이 상륙해서
대포와 총으로 원주민들을 정복하고
그들의 영토를 다투어 확장해 갔다
선량한 원주민들은 활과 창으로 대적할 수 없어
서쪽으로 서쪽으로 밀려갔으리
그렇게 쫓기다가 더 밀려갈 수 없는
태평양에 떠 있는 마지막 섬
이 섬에들 모여 마지막 결전을 다짐했으리
진지를 구축하고 창에 날을 다시 세우면서
흩어진 전사들을 향해 애타게 외쳐댔으리
여기 다 모이자고, 모이자고—
"나나이모"
"나나이모"
지금도 귀에 은은히 들려오는 것 같은
그 아우성은 어쩌면 우리말의
"너 나 여기 모여!"

"너 나 여기 모여!"

나나이모의 동쪽에는 밴쿠버시가 있고
나나이모의 남쪽에는 빅토리아시가 있다
둘 다 거창한 도시인데
하나는 정복자의 이름이고
다른 하나는 정복국 국왕의 이름이다
나나이모는 그 사이에 끼어 있는 작은 도시,
나나이모의 곁에는
'시메이너스' 라는 작은 원주민 마을이 있는데
그 의미는 '깨어진 가슴' 이라고 한다.

채석강彩石江

전북 변산의 격포 인근 해안에
층암절벽의 승경지가 있는데
이를 채석강이라 이른다
수백 길의 층암을 채석이라 하는 것은
그 다채로운 빛깔로 하여 그렇다손 치더라도
바다를 두고 왜 강이라고 부른단 말인가

그 절벽의 형상은 마치
만 권의 책을 쌓아올려 놓은
서책의 산더미로 이루어진 성벽과 같다
그래서 애초의 이름은 '책석장冊石墻' 이었다
돌책으로 이루어진 담장이라는 뜻이다
그러고 보니
용궁의 거대한 서고書庫 한 귀퉁이가
무너지면서 솟아오른 듯도 하다
하기사 책으로 친다면 그야말로
몇 억만 년의 역사를 실은
압권壓卷 중의 압권이 아니겠는가

그런데 어느 옛날
시詩를 좋아하던 이 고을의 한 태수가
절벽의 앞에 배를 띄우고 풍월을 놀다
그만 물에 빠져 죽고 말았다
그런 일이 있은 뒤로 사람들은
이곳을 채석강이라 부른다
주선酒仙 이태백李太白이 물에 잠긴 달을 건지려고
강물에 뛰어들어 죽었다는
저 중국의 유명한 채석강을
이곳으로 끌어온 것이리라.

단야루丹若樓

전라북도 김제시 부량면 신용리에 『벽골탑碧骨塔』이라는 석비가 서 있다. 한자의 의미를 맞춰 보면 '푸른 뼈의 탑' 이니 무슨 뼈 무덤을 연상케도 하지만 사실은 뼈와는 거리가 멀다. '벽碧' 은 '벼[稻]', '골骨' 은 '고을[州]' 의 의음擬音으로 벼가 많이 생산되는 고장 — '볏고을' 을 한자로 그렇게 표기한 것이다. 옛날 이곳에는 만경의 들녘에 물을 공급하는 『벽골제碧骨堤』라는 큰 저수지가 있었다. 그 저수지의 뚝[堤] 일부를 복원하고 이를 기념하여 세운 것이다.

이 기념비 곁에 『단야루』라는 이름의 누각이 덩그렇게 세워져 있다. 안내판에 다음과 같은 내용의 설화가 적혀 있다.

신라 제38대 원성왕 때의 일이다. 왕은 원덕랑이라는 화랑을 보내 벽골제를 보수케 했다. 원덕은 김제 태수의 집에 머물면서 공사를 다스리고 있었는데, 태수에게는 단야丹若라는 고운 딸이 있었다. 그 단야가 원덕랑을 사모하게 된 것이다. 그런데 물의 공사를 순조롭게 하기 위해서는 용추龍湫에 산 제물을 바쳐 용의 노여움을 달래야 한다는 풍습에 따라 제물 될 아가씨를 찾고 있던 중이었다. 그 무렵 월내라는 원덕랑의 약혼녀가 멀리 서라벌에서 찾아온다. 그러자 태수는 딸을 위해 월내를 몰래 보쌈하여 제물로 바칠 것을 음모한다. 아버지의 이러한 계략을 눈치챈 단야는 고심 끝에 자신이 제물이 될 것을 결심한다. 그것이 아버지를 살인의 죄로부터 구하는 효孝이며 또한 사랑하는 원덕랑을 행복하게 하는 길이라고 판단해서이다. 그리하여 보쌈이 행해지는 날 밤 단야는 아버지 몰래 월내의 방에 뛰어들어 서로 자리를 바꾸게 된다.

4

서립강徐立剛

진문고리津門故里는 천진天津의 유명한 골동 거리다
눈이 밝은 자들은
명明 · 청淸대의 벼루나 쇠붙이들도
길가에서 쉽게 만나게 된다
남천일주南天一柱*의 붓 몇 자루를 사들고
가게 밖으로 나오는데
어디서 때 아닌 종달새가 시끄럽게 울고 있다
이 무슨 변고인가 하고
하늘을 두리번거리는데
이번에는 뻐꾸기의 울음소리다
뻐꾸기뿐이 아니고 꾀꼬리, 까치, 두견새들이
꼬리를 이어 지저귀고 있다
가만히 들어 봤더니
하늘에서 울려오는 소리들이 아니라
한 사내의 입에서 스며나온 소리다

* 남천일주: 붓의 상표.

50도 넘어 뵈는 한 사내가 능청스럽게 서 있는데
그가 입술을 달싹이면
마치 그의 영혼 속에 갇혀 있는 새들이
앞을 다투어 우짖어 대는 것만 같다
조신鳥神이 있다면 저런 자의 몫이리라
붓을 싼 종이를 그 앞에 내밀자
서립강이라고 그의 이름을 적어 준다
길이 바쁘지 않다면 그와 하룻밤 새우고 싶다.

발해진渤海鎭

만주 흑룡강성黑龍江省 남쪽 동경성東京城 옆에
발해진이란 곳이 있는데
이곳이 바로
그 슬픈 발해국의 도읍지다
허물어진 궁성宮城의 돌담은 아직도
무겁게 남아 있고
성城의 돌을 캐내고 물을 실었다는
그 자리는 아직도
십여 리의 호수로 출렁이고 있다
폐허의 궁터에는
몇 마리 염소들만이 풀을 뜯고
호숫가에는 일흔이 넘은 한 노인이
어린 손자를 데불고 와 낚시를 하고 있다
자식들이 돈을 벌어 이젠 벽돌집도 지었다는
약대처럼 늙은 그 노인은
손자에게 열심히
조선말을 가르치고 있다.

동파육東坡肉

항주杭州의 서호西湖에 이르면
몇 개의 제방 길이 호수를 갈라놓고 있다
그 가운데 소제蘇堤라는 것이 있는데
북송北宋의 소동파蘇東坡가 이 고을의 관리로 있을 때
쌓은 것이라 전한다
어느 날 동파가
호수를 메운 진흙들을 파 올려
뚝을 쌓고 있는 인부들을 지켜보고 있었다
때가 되었든지 지방의 한 이속吏屬이
술과 고기를 마련해 올렸던가 보더라
그러자 동파 이르기를
이 술과 고기는 내가 취할 것이 못 되니
저 인부들에게 가져다 주라 했다
그런데 하인이 동파의 말을 잘못 듣고
이 술과 고기를 함께 섞어 먹으라 전했다
그래 그 일꾼들이 그 술에다 돼지고기를 삶아 먹으니
이것이 곧 항주의 특산 음식 동파육의 시작이라 한다
한 누각에 올라

공부가주孔府家酒에 동파육을 뜯으며
천 년 넘실거리는 서호의 물결을 바라다본다
서호의 옛 주인
매처학자梅妻鶴子의 은사隱士 임포林逋*는
또한 지금 어디에 숨어 있는가.

* 임포: 북송의 은둔 시인. 서호의 고산孤山에서 매화와 학을 기르며 숨어 삶. 세상이 그를 매처학자의 서호 주인이라 일컬음.

졸정원拙政園

소주蘇州는 호사스런 정원들로 이름이 나 있다. 아흔아홉 굽이굽이 구절양장의 곡수曲水를 파고 기암괴석奇巖怪石들로 천의 구릉을 세웠다. 그 물과 그 구릉들 위에 수백개의 누각樓閣과 정자亭子들을 띄웠는데 그 누정樓亭들을 회랑回廊으로 이어 비가 오는 날에도 버선발로 온 정원을 돌며 풍월을 즐길 수 있게 했다.

졸정원은 명대明代에 어사 왕헌신王獻臣이란 자가 축조한 것으로 전해지고 있는데 그 이름이 재미있다. "졸정拙政"이란 무슨 뜻이란 말인가. 졸열한 정치란 말인가. 졸자나 정치를 한다는 뜻인가. 함께 간 이들이 나름대로 그럴듯한 해석들을 하기에 바쁘다. 헌데 나중에 알고 봤더니 그 이름의 전고典故는 엉뚱한 것이었다. 진晋의 반악潘岳이란 이가 지은 〈한거부閑居賦〉에 "관원죽소 이공조석지선 시역졸자지위정야灌園鬻蔬 以供朝夕之膳 是亦拙者之爲政也"라는 구절이 있는데 거기서 옮겨온 것이라고 한다. 반악의 뜻을 대강 새기면 아마 이러하리라. 밭을 일구어 곡식을 심고 채소를 가꾸어 아침저녁 간소한 음식을 마련하는 것도 나와 같은 보잘것없는 사람[拙者]에게는 벼슬하는 이들이 정치하는 것 못지않게 소중한 일이다. 말하자면 반악의 글은 안빈낙도安貧樂道를 노래한 것으로 보인다. 헌데 이 무슨 망발의 부조화란 말인가. 궁성의 호사에 버금가는 사치스런 정원을 꾸며 놓고 거기에 어울리지 않게 청정淸淨한 이름을 매달다니 왕헌신의 욕심도 실로 왕도둑이 아닐 수 없다.

강희삼제康熙三題

1. 운림雲林

항주杭州의 서호西湖 근처에 영은사靈隱寺라고 하는 고찰古刹이 있는데 1600여 년 전 동진東晋 때에 천축天竺의 선승禪僧 혜리慧理가 창건한 것으로 알려지고 있다. 높이가 33m나 된다는 웅장한 대웅보전大雄寶殿도 볼 만하지만, 절 앞의 비래봉飛來峰이란 석산石山에는 수 세기에 걸쳐 새겼다는 380여 기基의 마애석불磨崖石佛들이 또한 장관이다.

그런데 또한 재미있는 것은 절문 위에 높이 걸려 있는 현판이다. 거기에는 〈영은사靈隱寺〉라고 적혀 있는 것이 아니라 〈운림선사雲林禪寺〉라고 씌어 있다. 그렇게 된 내력을 안내자는 대략 다음과 같이 떠듬떠듬 전한다.

청의 강희康熙 황제가 이 절에 들렀다가 그만 풍광風光에 취해 과음過飮을 했다고 한다. 마침 주지가 황제의 현판을 얻고자 필묵을 올렸는데, 강희가 〈영靈〉자를 쓴다는 게 그만 취중에 〈운雲〉자가 되고 말았다. 그렇게 해서 절은 새 이름을 하나 얻게 되었다는 얘기다. 제왕도 풍류로우면 그 실수도 아름다워 그렇게 오래 걸려 있다.

2. 관어觀魚

서호에서 봄꽃으로 이름난 곳이 화항花港이다. 흐드러지게 피어나는 매화꽃 그늘 아래서 술잔을 기울이며, 맑은 물 속을 헤치며 뛰노는 어족들을 바라다보고 있던 강희가 흥에 겨워 붓을 들었다.

〈화항관어花港觀魚〉

화항의 봄꽃을 즐기면서 서호에 노니는 물고기들을 완상하는 이 흥취야말로 높이 살 만하다는 뜻이 아니겠는가. 그런데 그가 쓴 〈어魚〉자가 좀 달랐다. 〈어魚〉자의 밑점을 넷을 찍지 않고 셋을 찍었다. 곁에 있던 신하가 그 까닭을 물으니 강희 대답이

넉 점[灬]은 불[火]이요 석 점[氵]은 물[水]이 아니냐. 저 물고기 들을 어찌 불 위에 올려놓는단 말이냐.

3. 풍월風月

어느 날 강희康熙가 태산泰山에 올랐던가 보더라(공자孔子가 거기에 올라 천하가 좁다고 일렀던 그 산 말이다). 광대무변한 천하를 한눈에 굽어본 강희가 〈虫二〉라고 써 놓

고는 그 뜻이 무엇인가 신하들에게 물었다. 벌레충虫자도 아닌 이 〈虽〉자는 도대체 무슨 글자란 말인가. 뿔 달린 벌레 두 마리란 뜻인가. 그 의미를 몰라 자못 안달들을 하고 있는데, 지혜로운 한 신하가 있어 마침내 임금의 마음을 헤아렸다.

"풍월무변風月無邊이옵니다"

그러자 강희가 빙긋이 웃었다. 〈풍風〉자와 〈월月〉자의 울타리[邊]를 없애고 나면 곧 〈虽二〉가 아닌가. 청풍명월淸風明月이 끝이 없다는 뜻이리라. 그 임금에 그 신하로다.

계림桂林

화남華南의 계림은 중국에서도 산수山水의 명승名勝으로 꼽힌다. 우리 진안鎭安의 저 마이쌍봉馬耳雙峰 같은 석산石山들이 수만 개가 솟아 있다. 어떤 놈은 이제 막 돋아난 대밭의 죽순처럼 뾰족하기도 하고 어떤 놈은 어린 사슴의 뿔처럼 보송보송 부드럽게도 보인다. 또 어떤 놈은 약대의 등처럼 굽어 있는가 하면 또 어떤 놈은 늑대의 이빨처럼 사납기도 하다. 탑 같은 노적가리 같은 말의 갈기 같은 코끼리 다리 같은 기기묘묘 천태만상의 군봉들이 늘어서 있다.

이 기봉奇峰들 사이를 맑은 이강漓江이 굽이굽이 흘러 천하절경을 이룬다. 이강에 배를 띄워 물 속의 산그림자를 깔고 앉아 도화죽림桃花竹林을 완상하며 삼화백주三花白酒* 라도 기울이고 있노라면 예가 바로 선경仙境이 아닐런가. 게다가 장족壯族의 어린 딸이라도 하나 얻어 죽금竹琴이라도 울린다면 더더욱 금상첨화이리라.

---

* 삼화백주: 세 종류의 계수나무꽃을 넣어 만든다는 계림 특산의 백주.

이놈의 수만 기봉들이 애초에는 바다 밑의 평평한 땅이던 것인데, 3억 년 동안 솟아올라 서서히 저 모양들을 갖춘 것이라고 하니 조화옹의 멀고도 큰 손 참 아득도 하다. 인생 70, 이 낮고도 낮은 키 어디다 세운단 말인가.

물매[魚鷹]

이강漓江에는 대나무 뗏목배를 타고 고기를 잡는 어부들이 자주 눈에 띈다. 그 가운데는 새를 길들여 고기를 낚는 자들도 있다. 가마우지[鸕鷀]라는 물매를 굶겨서 그의 긴 목을 끈으로 매 물 속으로 들여보내면 그놈들이 고기를 물어 오는데, 잔고기는 삼킬 수 있으나 큰 고기는 목에 걸려 주인의 몫으로 토해내야만 한다.

날개도 없는 인간들이 매를 길들여 공중의 새들을 붙잡고, 물갈퀴도 없는 인간들이 물매를 길들여 물 속의 고기들을 낚는구나. 인간의 간교여, 허나 네가 볼 수 없는 네 덫과 그물도 세상에는 있나니…….

마이산馬耳山

전북全北 진안鎭安에 이르면
말의 두 귀처럼 솟아오른
암수 쌍봉雙峰의 신묘한 산이 있다
산은 모래와 자갈이 엉켜 이루어진
거대한 퇴적암堆積巖 덩어리다
그러니 해발 670여m의 저 산봉우리가
옛날에는 물이 흐르던 어느 큰 강이거나
파도 넘실거리던 바닷가였을 게 아니겠는가
상전벽해桑田碧海가 아니라 실로
벽해청산碧海靑山인 셈이다
어느 지질학자는 저 산의 나이를
4천만 년쯤으로 추정하고 있는데
반백 년 나의 짧은 키를 그놈 밑에 세워 보니
허탈하기 이를 데 없다
허지만 내 생명의 끈도 거슬러 올라가면
어찌 네놈만 못하겠는가
이 몸도 수억만 내 조상들의 퇴적堆積 위에
이렇게 우뚝 올라선 고고한 산정山頂이거니

우리들의 키로 말하자면

난형난제難兄難弟가 아니겠는가.

은수사銀水寺의 북

은수사는 마이산馬耳山 골짝에 자리한 작은 절인데
법당의 동편에 절의 키만큼 높은
큰북이 하나 매달려 있다
이 법고法鼓는
지나가는 나그네들에게 항상 열려 있어서
찾아오는 손들이 많을 때는 종일 산골을 울린다
〈둥—둥—둥—, 둥—둥—둥—〉
북의 울림은 온 산천을 메아리쳐
초목군생草木群生들의 가슴을 흥건히 적신다
주지主持의 얘기론
법고는 짐승의 원혼冤魂을 깨우쳐 구원하는 소리라는데
그래서일까
천만 짐승들의 원혼이 이 골짝에 몰려들어 우글대는지
석산石山은 온통 짐승들의 발자국들로
구멍이 숭숭 뚫려 있다
한 마리 죽은 소가
그의 질긴 가죽으로 온 산천을 휘어잡고
흔들며 울고 있는 셈이다.

도원행桃源行

조치원鳥致院역에서
대전大田 방향으로 가다가
구름다리를 넘어 바로 우회전
삼일아파트 지나
연기군청燕岐郡廳 앞의 곧은길로
한 20분 달리다 보면
낚시꾼들이 벌떼처럼 달라붙어 있는
고복高福저수지
구절양장九折羊腸 그 상류에
〈무릉武陵〉이라는 식당에서 길을 물어
안개 자욱한 산골의 농로農路를
한참 기어오르다 보면
숲 속에 띄엄띄엄
농가農家 한 20여 호
검단劍丹이라는 마을
검단?
마을의 맨 끝 산 밑
천여 평 트인 포도밭 옆

붉은 지붕의 조립식 건물
열일곱 평
서울서 막 내려온
내 셋째 처제妻弟의 집
복숭아꽃 흐드러진 곳.

은어銀魚

지난가을 지리산 성삼재를 넘어 뱀사골로 내려오다가 길가 숲 속의 노점상 어항 속에서 번득이며 요동치는 은어 몇 마리를 골라 초장에 찍어 삼키면서 단풍 구경을 한 적이 있었는데, 높은 산의 단풍이 시루떡 설기처럼 층을 이루며 내려오는 장관을 바라보다가, 그 깊은 산골에서 홀로 장사하고 있는 여인이 기특도 해서 무섭지 않느냐고 물었더니 날이 어두워지면 남편이 봉고차를 끌고 데리러 온다며 웃었다.

눈이 부시던 그 단풍 때문이었던지, 가슴이 저리도록 시원턴 그 바람 때문이었던지는 몰라도 그때 먹었던 그 은어 맛이 가끔 생각나서 술자리에서 더러 들먹이곤 하는데, 오늘 어떤 친구가 이르기를 지리산의 그것은 은어가 아니라고 한다.

그 친구의 말을 듣자 내 가슴 속에서 와락 지리산이 눈사태처럼 무너져 내리는데, 산과 단풍이 홍수로 주저앉고 여인의 바구니에서 튀쳐나온 은어들이 아우성치며 떠내려갔다.

말의 독이여,

그것이 은어가 아니어도 상관없는 것을… 나는 화살에 꽂힌 짐승처럼 비틀거렸다.

대여섯 적이던가. 조부님 도폿자락 붙들고 성묘가던 때 섬진강 맑은 물 속에서 은빛 등을 환히 번득이며 따라오던 몸매 고운 그 친구들….

5

체*

내가 아직 어머니의 몸 속에 있었을 때
아버지는 스물둘의 푸른 나이로 세상을 떠났다
가난을 탓하다 죽창에 찔려 비명에 갔다
마을 사람들은 아버지의 혼을 붙들어 매려고
얼굴에 체를 씌워 땅에 묻었다
내 나이 열둘에 어머니도 갔다
열두 해 홀로 버티다가 더는 못 참아
육신이 뼈만 남아 떠나갔는데
어린 내 손을 붙들고 이르기를
애비의 무덤을 헐고 체를 벗겨
당신의 몸과 함께 다시 묻으라 했다
그러나 그 마을의 풍습은
헌 송장과 새 송장은 함께 거두지 않는다 해서
그들은 떨어져 묻히고 말았다

---

* 체: 비명에 간 망자의 얼굴에 체를 씌우는 풍습이 있는데, 이는 원혼이 지상을 떠돌며 살아 있는 자들을 해칠까 두려워하여 원혼이 무덤에서 못 빠져나오게 하는 방패다. 무덤 속의 혼이 빠져나오려고 체 구멍을 헤아리며 돌다가 그만 지쳐 주저앉고 만다고 한다.

어머니가 세상을 버린 뒤
나는 조선 팔도를 무릎이 헐도록 굴러다녔다
부잣집 머슴살이
대장간의 풀무질
부둣가 하역질로 떠돌면서
돈을 모으면 고향에 돌아가
어미의 한을 풀겠노라 했다
세월은 흘러 흘러 무정히 흘러
고향을 등진 지 30년 만에
나는 드디어 고향에 돌아왔다
봉고차에 두 아들과 아내를 싣고
늦기는 했지만 의기양양 되돌아왔다
그러나 낯선 골목 무너진 담장들 안엔
생소한 얼굴들만 기웃거릴 뿐
내 귀향을 알아 본 사람은 아무도 없다
나는 숲에 묻혀 폐허가 되어 버린
두 무덤을 찾아 하나로 묶었다
애비의 영혼을 붙들어 맨 체는 어디로 갔는가

갇힌 혼백의 몸에 닳고 닳아 다 무너져 내렸는가
당신의 몸에 창을 꽂은 자가 누구인가
당신의 얼굴에 체를 씌운 자가 누구인가
그들도 이제는 백골로 돌아가 깊이 잠들었으리
나는 허공에 삽을 지르며
사자의 포효처럼 으르렁거리며 웃어 본다.

바우의 탄식

아씨,
나를 알아보시겠습니까?
서른 해 전 어느 동짓달 그믐밤
밤서리 맞으며 도망쳐 갔던
천한 마름의 자식 이 바우놈을
아직 기억하시지요?
설마 잊지는 않으셨지요?

내 등에는 아직도
박힌 채찍의 자국이
용의 꼬리처럼 꿈틀거리고
주리에 틀렸던 두 팔목은
활의 시위처럼 흔들리네

아씨,
무엇이 당신의 그 고운 자태를
이렇게 헤집어 놓았는가
윤기 흐르던 그 검은 머리는 어디 가고

서리 같은 백발이 흩날리네
천도보다 부드럽던 그 은백의 살결엔
악마의 발자국 같은 주름살이 고여 있네

아, 그러나
나를 보는 그대의 눈빛은 아직
살아 있구나
나의 한평생을 삼킨
저 깊은 눈빛은 아직도
빛나고 있구나

당신은 알 리 없지
하늘을 향해 천만 번 다짐했던 나의 맹세를
사방 수천 리 광대한 성을 쌓아
당신을 나의 여왕으로 가두겠다는
은밀한 내 음모를 당신은 알 리 없지

한때는 바다에서

태풍의 밧줄에 내 손은 이렇게 갈라지고
한때는 대장간에서
무거운 해머로 내 팔목은 이렇게 굳어졌네
등짐으로 내 종아리는 돌처럼 알이 박히고
목도로 내 어깨는 황소처럼 벌어졌네

아씨여, 말을 해다오
한세상 여기까지 어떻게 왔는가
행운의 여신이 그대를 외면했단 말인가
때로는 굶고 때로는 노숙을 하면서
마차도 없이 먼 길 걸어서 왔는가
입술도 발바닥도 다 부르텄고나
말을 해다오 가련한 여인이여
답답도 하구나
그대의 소원은 무엇인가
나는 지금 억만 장자
그대가 원한다면
황금의 성을 쌓아 바칠 수도 있네

아, 젖은 눈으로 그대는 말하는구나
그것은 지나간 한때의 허망한 꿈이었다고
천한 마름의 자식이
귀한 주인의 딸을 사랑할 순 없었다고—
그렇게 말하지 말라 아씨여
나는 이렇게 돌아왔지 않는가
이 땅과 당신을 얻기 위해
한평생 나는 죽도록 달려서
드디어 이렇게 여기 돌아왔지 않는가
이제 무엇이 우리를 거역할 수 있단 말인가

불쌍한 아씨여
손을 좀 다오
마른 나뭇가지처럼 앙상도 하네
손톱은 굳어져 빛을 잃고
손바닥은 못의 옹이들로 갈라졌구나
신이여 비노니
여기에 생명의 물기를 더하소서

봄이면 수목들의 마른 가지에 물이 올라
재생의 환희를 누리듯이
이 여인에게도 봄을 주소서
신이여 말하소서
어떻게 하면 이 여인에게
다시 봄을 허락하시겠나이까?
천 캐럿의 금강석을 이 여인의 손가락에 매달까요?
천의 밤낮을 엎드려 기원을 드릴까요?
천만의 마차에 곡식을 실어
온 천하에 뿌리고 다닐까요?

내 한평생 달려 달려
그대에게 이렇게 왔는데
시간의 악령이 그대를 이처럼
헤집어 놓았구나
청춘을 돌려다오
우리들의 청춘을 돌려다오
내 가진 억만 금 너에게 다 줄 테니

시간의 악령이여

단 하루만이라도

우리들의 청춘을 돌려다오.

빙옥도氷玉島

— 빙옥도(Ice-pearl)는 남태평양에 있는 작은 섬이다. 오색의 영롱한 빛깔을 띤 아름다운 조약돌들이 해안을 덮고 있다. 만조滿潮에 이 섬을 내려다보면 마치 한 마리의 청개구리 형상이다. 그러나 간조干潮에 보면 영락없는 도마뱀이다. 말하자면 빙옥도는 긴 꼬리를 달고 있는데 그 꼬리는 썰물인 때만 드러나게 된다. 이 섬은 이름난 뱃놈 메피스토가 처음 발견한 무인도다. 어느 날 메피스토는 그의 친구 안토니오 내외를 요트에 태우고 와서 그의 섬 빙옥도를 구경시킨다. 메피스토, 안토니오 그리고 그의 아내 바바라는 한 마을에서 자라난 죽마고우들이다. 다음의 글은 메피스토의 독백이다.

바바라,

당신은 이 언덕에서 기다려요

갯벌이 험해서 우리를 따라가기는 어려울 테니까

심심하면 갯바위에 매달린 굴을 따든지

웅덩이에 갇힌 게나 새우들을 잡아도 좋겠소

한 둬 시간쯤 지난 뒤

우리가 돌아오게 되면 당신은

아마 세상의 케럿으로는 잴 수도 없는

엄청난 다이아몬드를 안게 될 것이요

안토니오, 어서 서둘러 떠나세

나는 망치와 끌을 짊어지고 갈 테니
자네는 로프를 둘러메고 가세 그려
조수가 밀려오기 전에 서둘러 다녀와야지
이 영롱한 조약돌의 무리들을 보게
마치 용의 꼬리에 매달린 비늘 같지 않는가
이끼가 묻어 미끄러우니 조심하게나
그래 바닷바람도 상쾌하지
바다의 물결은 하프처럼 흔들리고
아침 햇살도 눈부시지 않는가?
우리가 지금 밟아가는 여기가 이 섬의 꼬리일세
꼬리의 끝에 5, 6미터 높이의 곧은 석주石柱가 있는데
그 돌기둥의 윗부분이 온통 금강석金剛石으로 덮여 있다네
자네 같은 알피니스트면야 식은 죽 먹기겠지만
나 같은 물놈이야 바위를 탈 수 있어야지
밑에 떨어진 몇 개의 부스러기를 줍는 것만으로도
이제는 뱃일도 팽개치고 이렇게 빈둥대며 지낼 수 있게 됐다네
믿을 만한 사람을 찾던 중

우리들의 옛 친구 바로 자네를 선택하게 된 것이야
저놈들은 상어지
갈기를 번득이며 무리를 지어 달리는 저놈들은
이빨이 사나운 바다의 사자들이지
바바라가 손을 흔들고 있군
옛날처럼 아직도 여전히 아름답네 그려
우리들의 고향은 얼마나 평화로운 마을이었던가!
자네 집 넓은 광 속에 숨어 숨바꼭질도 하고
수수밭에 뒹굴며 간지럼도 많이 했었지
나는 바바라를 자주 울린 편이었고
그럴 때마다 자네는 늘 달래 주곤 했었지
나는 대장지기의 천한 아들이었고
자네는 대지주를 아버지로 둔 귀공자였지
바바라의 포도원에서 함께 놀던 우리들은
나이가 들면서 서로 다른 길을 걸었지
자네는 먼 도시의 학교로 유학을 떠났고
나는 더운 대장간에서 해머만 열심히 내려쳤네
한 10년쯤 지나간 뒤 자네는

이름난 알피니스트가 되어 고향에 돌아왔지
킬리만자로의 정상을 최초로 밟은 우리 고장의 영웅이라고
주민들은 플래카드를 높이 걸고 자네를 환영했었지
그리고 자네는 젊은 나이로 주의회의 의원이 되고
아무런 장애도 없이 아름다운 바바라를 신부로 맞았지
안토니오, 내가 고향을 등진 것은 바로 그날 밤이었네
자네들이 성당에서 혼배성사를 올리던 그날 말일세
아, 저기 우리의 보고寶庫 석주가 서 있군
기둥의 머리가 햇빛을 받아 반짝이는 게 보이지?
이제 십여 분 후면 금강석의 성城에 오를 수 있을 걸세
고향을 등진 나는 바다로 밀려갔지
고깃배를 타고 망망한 대해에서 파도와 싸우며 그물질도 해 보았고
상선商船의 갑판에 올라 하역荷役을 하면서
이국의 수많은 항구들을 드나들기도 했지
화려한 도시의 도박장에서 전 재산을 하룻밤에 다 날려도 보았고

폭풍으로 파선한 뱃조각을 붙들고 무인도에 표류해 본 적도 있다네
이 빙옥도의 꼬리는 바로 나의 표류지漂流地 — 내 생명의 은토恩土일세
안토니오, 드디어 도착했네
이 장엄한 보석의 돌기둥을 보게나
어서 로프를 걸어 저 기둥의 정상으로 기어오르세
밀물이 달려오기 전에 말일세
줄이 잘 걸렸는가?
자네가 먼저 오르게나 내가 뒤를 따를 테니
천하의 알피니스트도 이 미끄러운 바위를
줄 없이는 못 오르겠지?
자, 어떤가? 여기서 내려다보는 조망이 말일세
다이아몬드가 어디 있느냐고?
반짝이는 것은 금강석이 아니라 석영石英이라고?
너무 서두르지 말게나 나도 이미 알고 있었다네
이 순진한 사람아, 세상에 그런 큰 보석이 설령 있다고 치세

자네 같으면 친구와 나누어 가지겠나?
안토니오, 자네를 속였다고 너무 노여워하지 말게
다이아몬드보다 더 값진 보석을 우리는 아직 가지고 있네
저 해안에서 우리를 기다리고 있는 바바라 말일세
서둘러 내려갈 생각은 하지 말게
로프는 이미 물 속에 떨어졌네
잠시 기다리노라면 조수가 차오를 것이고
그러면 우리는 헤엄쳐 되돌아갈 수 있네
이제 밀물이 밀려들기 시작하는군
자네는 헤엄을 잘 못한다고?
왜 이런 짓을 하느냐고?
그래 얘기해 주지
애초 우리들의 경주는 출발부터서 너무나 불공정했네
자네는 수백만 에이커의 거대한 토지를 후원군으로 지녔고
나는 서너 평 대장간의 불구덕이 유일한 후견인인 셈이었지
모든 기회는 자네에게만 주어졌고
세상은 일방적으로 자네의 편이었네

그래서 자네는 킬리만자로의 정상에까지 기어오를 수 있었고
나는 바다의 밑바닥까지 밀려 내려가지 않았던가?
안토니오, 내가 바바라에게 구애求愛한 사실을 아는가?
그것도 한두 번이 아니라 아홉 번씩이나 말일세
애초에 우리들의 여건이 뒤바뀌었더라면
바바라는 자네가 아니라 내 아내가 되었을 것일세
우리들의 경주는 너무나 불공평했지 않는가?
자, 이제 새로운 경주를 해 보세
우리들의 출발점을 좀 바꾸어서 말일세
뭍[陸]에서는 내가 너무나 열세였지만
물[海]에서는 내가 좀 나을 듯도 싶네
조수가 이미 섬의 꼬리를 삼켜가고 있군
물이 더 차오르면 바바라를 향해 헤엄쳐 가도록 하세
먼저 도착한 자가 우리들의 보석을 얻기네
욕설은 그만하고
자, 자네가 먼저 뛰어들게나
잘못하면 상어의 밥이 될 수도 있네.

경칩驚蟄

2064년 2월 23일
일본 기상청의 지진 관측소가
이색적인 보도를 했다
일본열도의 모든 곳에
땅 속의 개미란 개미는 다 지상으로 나와
나무 위로 기어오른다고 했다

2064년 2월 25일
가축들은 우리를 박차고 튀쳐나오고
뭍의 짐승들은 다 산 위로 몰려갔다
수십만 마리의 들쥐 떼들은
서쪽 바다를 향해 뛰어들기도 했다

2064년 2월 28일
나뭇가지 위에 둥우리를 튼 날짐승들도
철새처럼 떼를 지어
북쪽 하늘로 날아갔다

2064년 3월 2일
일본의 모든 공항이란 공항은
떠나는 사람들의 아우성으로
아비규환을 이루었다

2064년 3월 3일 새벽
마른하늘에 천둥이 울고
출렁이는 배처럼 땅이 흔들렸다
떠오르던 샛별이 다시 주저앉고
후지산이 서쪽으로 기울기 시작했다
바다는 갈라져 불을 뿜고
수백 미터 솟구친 해일이
모든 섬들을 삼켰다

2064년 3월 4일
조선반도의 땅들도 금이 가고
높은 산들이 무너져 강을 메웠다
정오쯤

동해 바다의 거친 해일을 뚫고
거대한 짐승이 등을 들어올리기 시작했다
붉은 산호초로 덮인 검은 짐승은
서서히 바닷물을 삼키면서
울릉도를 머리 위로 밀어 올리며
태백산맥에 거대한 다리를 걸쳤다

2064년 3월 5일
경칩일驚蟄日
세계의 지도가 바뀌었다.

호메로스

2104년 봄 어느 날 새벽
대기권 밖에 설치된 천체 망원 렌즈에
새로운 별이 하나 붙잡혔다
사람들은 그 렌즈의 이름을 빌어
그 별을 호메로스라고 명명했다
그 뒤 호메로스는
수많은 천문학자들에 의해 추적되었는데
아홉 개의 긴 꼬리를 달고 은하계를 떠도는
초록빛 낙지 모양의 아름다운 혜성이라고 했다.

2104년 여름
영국의 그리니치 천문대는
호메로스가 태양계의 외곽을 뚫고
우리들의 세계로 끼어들었다고 보도했다
지상의 모든 망원경들은 가슴을 조이면서
초대받지 않은 태양계의 새 손님
호메로스에게 초점을 맞추었다.

2104년 가을
미국의 항공우주국은
호메로스는 지구보다 70배쯤 큰
초속 1000km의 놀라운 속도로
태양계의 중심을 향해 돌진해 들어오고 있는
녹색의 불덩이라고 보도했다
그러면서, 극히 기적적인 확률이긴 하지만
태양계의 아홉 개 떠돌이별 중
어느 것과 혹 충돌할 수도 있는 가능성을
완전히 배제할 수는 없다고 덧붙였다.

2104년 11월 12일
호메로스는 천왕성과 불과
1천만km의 간격으로 스치며 지나갔다.

2104년 12월 6일
지상의 모든 생명들은
지구를 향해 다가오는 거대한 불덩이 호메로스를

경악에 찬 눈으로 지켜보고 있었다
신문과 방송들은 종일 아우성을 치고
끓어오르는 P.C.의 모니터들 앞에서
모든 일터의 일손들은 손을 멈추었다
한 시대를 주름잡는 정치가들도
천만군병을 거느린 장군들도
억만금을 쥐고 있는 억만장자들도
다 속수무책
수만 개의 원자폭탄을 일시에 터뜨린다 해도
호메로스의 진로를 1mm도 바꿀 수 없다고
한 천문학자가 침통하게 부르짖었다.

2104년 12월 7일
브라질의 한 인디오 소녀는 그의 일기장에
'지구는 밤을 잃었다' 고 기록했다
태양이 지고 나면 호메로스가 동편에 돋아
태양처럼 지상을 다시 밝히고
하늘의 별들을 삼켜 버렸다.

2104년 12월 8일
알라스카의 한 에스키모 노인은
'우리들의 세상은 이제 무너졌다' 고 중얼거렸다
그들의 백야白夜 위엔
불타는 호메로스가
지지 않고 걸려 있었다
빙산의 만년설은 무너져 내리고
빙하의 굳은 얼음 바다는 금이 갔다.

2104년 12월 9일
아프리카 사하라 사막엔 종일 폭우가 내려
한 선교사의 뒤집힌 막사가
모래의 강물에 떠내려갔다
'주여, 이렇게 오시나이까'
그는 홍수 속에 휩쓸려 묻히면서
그렇게 울부짖었다.

2104년 12월 10일
모든 전자기기의 바늘은 방향을 잃고
모든 동력들은 힘없이 주저앉았다
지구는 백열전구처럼 밝았지만
전파와 전신이 끊어진 세상은
암흑의 수렁이었다.

2104년 12월 11일
뉴욕의 상공에 뜬 호메로스는
드디어 온 하늘을 불태우면서
번개처럼 세상을 가르고 지나갔다
그를 본 지상의 모든 온도계들은 자폭을 하고
거대한 폭풍의 손이 지표의 모든 것들을 뽑아올려
허공 속에 찢어 던졌다
바다의 물결은 그를 향해 수백m나 솟아올랐고
불타오르는 산야와 도시들 위에 다시
산맥보다 높은 해일들이 몰려와 휩쓸고 지나갔다.

2104년 12월 12일
호메로스가 겨우 8백만km의 간격으로 스치고 지나간
뒤
끓어오르는 대기는 뜨거운 먹구름으로 지구를 덮었다
빙하는 녹아 폐허의 대지를 삼키기 시작하고
인간들이 빚은 지상의 모든 바벨탑들은
깊은 어둠 속에 묻혔다.

2104년 12월 13일
지구는 다시 기온이 내리면서
새로운 빙하기
천만 년의 깊은 잠 속에
서서히 빠져들기 시작했다.

설화시의 의미와 시정신

홍 해 리
(시인)

홍 오늘의 이 자리는 '시와시학사' 의 주선에 의해 마련된 것입니다. 우선 시집 『장닭 설법』의 간행을 축하해 마지않습니다. 몇 번째의 개인 시집인가요?

임 감사합니다. 열두 번째의 시집입니다.

홍 우리야 자주 만나는 사이이긴 합니다만 시에 대해서 진지하게 이야기를 나눈 적은 그렇게 많지 않았던 것 같습니다. 오늘은 시집 『장닭 설법』의 성격과 평소 임보 시인이 지향하시는 시적 경향에 관하여 이야기를 들었으면 합니다. 우선 『장닭 설법』의 특징부터 말씀을 들어볼까요?

---

* 홍해리 시인은 '홍' 으로, 임보 시인은 '임' 으로 표기함(— 편집자).

임 내 시의 특징 가운데 하나가 비록 짧은 시라 할지라도 이야기 거리를 담고 있다는 것을 지적할 수 있을 것 같습니다. 말하자면 서사적인 요소를 지니고 있다는 것이지요. 소설이 가지고 있는 서사성을 시에 끌어들여 시를 재미있게 만들어 보자는 의도입니다. 나는 서사성을 지닌 시를 보통의 서정시와 구분하는 뜻으로 '설화시說話詩' 라고 명명하고 있는데, 『장닭 설법』은 바로 그런 설화시들로 묶인 것입니다.

홍 오늘의 한국 현대시는 시인의 수효라든지 작품의 생산량을 본다면 한국시문학사에서 전성기를 누리고 있다고 해도 과언이 아닐 것 같습니다. 그러나 많은 작품들이 기대한 만큼 독자들의 사랑을 받고 있는 것 같지는 않습니다. 이처럼 독자들로부터 소외된 것은 한 마디로 말하면 시가 난삽하고 재미없는 글이 되고 말았기 때문이라고들 합니다. 서사성을 시에 끌어들여 재미있게 만든다고 하셨는데, 그 설화시가 현대시의 문제점을 극복하려는 한 방편으로 시도된 것이라 보아도 무방하겠습니까?

임 그렇습니다. 대중들이 시를 떠난다는 것은 문제가 아닐 수 없습니다. 어떤 이들은 시의 대중화를 시의 저급화 혹은 통속화로 잘못 판단하고 시의 고고한 위의를 고집하는 경우도 없지 않습니다. 그러나 시는 오묘한 사상이나 깊은 철학과는 달라서 일반인들이 쉽게 접근할 수 없는 것이 결코 자랑일 수 없습니다. 시는 아름다움을 창조해내는 언어의 예술품입니다. 좋은 그림이나 아름다운 음악을 대중들이 자연스럽게 받아들이고 즐기듯이 시 역시 좋은 시라면 대중들이 즐겁게 향유할 수 있어야 한다는 생각입니다.

홍 그래서 독자들로 하여금 시를 즐겁게 접할 수 있도록 이야기를 끌어들이고자 한 것이군요.

임 그렇습니다. 시도 누군가를 상대로 한 담화입니다. 담화의 궁극적인 목적은 듣는 이를 설득하는 것이 아니겠습니까? 시의 경우는 정서적인 공감을 얻어내는 것이라고 할 수 있습니다. 담화가 보다 설득력을 지니게 하기 위해서 시에서는 비유나 역설, 활유 등의 다양한 기법을 즐겨 쓰고 있지 않습니까? 그와 마찬가지로 이야기 형식도 능률적인 설득의 한 방법이라고 생각할 수 있습니다.

홍 전달하고자 한 내용을 극화한다고 말해도 좋을 것 같군요. 그 이야기들은 작자의 상상력에 의해 순수하게 창조된 것들인가요?

임 상상력에 의해 만들어진 순수 허구인 것도 있고, 몸소 체험을 통해 얻은 것들에 약간의 변형을 가한 것도 있고, 전통 설화나 고전의 작품 속에서 모티프를 얻은 경우도 있습니다.

홍 수년 전에 간행하신 선시집仙詩集『구름 위의 다락마을』에 수록된 작품들도 이야기시들로 기억이 되는데 '설화시'와 맥을 같이 하는 것인가요?

임 그렇습니다. 『구름 위의 다락마을』에 수록된 작품들이야말로 대표적인 설화시라고 할 수 있습니다. 화자가 신선의 세계를 주유하면서 보고 듣고 느낀 것들을 이야기로 엮어 형상화한 연작이었지요. 그 시들에는 특별히 '선시仙詩'라는 명칭을 달기는 했습니다만 '선仙'이라는 하나의 테마에 묶인 설화시집인 셈입니다.

홍 『장닭 설법』에 수록된 작품들의 서술형식이 다양하더군요. 일기日記, 독백獨白, 전기傳記 등의 여러 형식을 구사하기도 하고, 그림의 삽입이라든지 동일한 작품 내에서 다양한 활자체를 원용하는 등 다채로운 표현 기법을 시도하고 있는데 그럴 만한 어떤 이유가 있는 건가요?

임 정형시는 고정된 형식의 틀이 있지만 자유시의 형식은 개방되어 있으니까 매 작품마다 표현하고자 하는 내용에 적절한 형식을 만들어낸다고 할 수 있습니다. 또한 필요하다면 기존의 다른 문학 장르의 형식, 예를 들면 일기나 편지나 기행문, 보도문 등의 형식을 빌어서 표현할 수도 있다는 생각입니다. 경우에 따라서는 논문 형식의 주註를 붙일 수도 있고 대담 형식의 시도 가능하리라고 봅니다.

한편 시는 언어예술이니까 그 표현 매체가 언어여야 한다는 것은 당연합니다. 그러나 언어의 기능만으로는 도저히 표현할 수 없는 경우 부분적으로 타 매체를 이용해서 능률적인 표현을 꾀할 수 있다면 나는 허용하고 싶습니다. 그러나 주 매체인 언어를 등한시하고 타 매체 위주의 시각예술화하려는 해체적 경향은 찬성하지 않습니다. 그것은 언어예술의 범주를 벗어난 것으로 판단되기 때문입니다.

「파리똥」이란 작품에서 다양한 화자들의 발언 내용을 활자체를 달리하여 구분해 보았습니다. 발언의 주체들을 일일이 말로 설명한다는 것이 번거롭게 생각되어 아예 활자체를 달리하여 발언의 주체를 구분해 본 것입니다. 시뿐만 아니라 인쇄로 표현되는 언어예술인 경우 다양한 활자체의 구사는 물론, 더 나아가서는 문자의 다양한 색채 인쇄를 통한 능률적인 표현도 가능하리라 봅니다.

홍 전의 시집 『운주천불』에 수록된 작품들은 짧은 단시들이었는데 이번의 『장닭 설법』에 수록된 작품들은 비교적 긴 분량의 작품들이군요. 작품의 길이에 관해서는 평소 어떤 견해를 갖고 계신가요?

임 나는 짧은 시를 선호합니다. 가능하다면 시는 짧을수록 좋지 않을까 하는 것이 평소의 내 지론입니다. 시문학의 특성이 그 짧음에 있을 뿐만 아니라 짧은 시는 독자들에게 부담을 덜어 주어 좋을 것 같다는 생각입니다. 너무 긴 시는 읽기도 전에 독자를 압도하여 접근하기 어렵게 만듭니다. 앞에서 시와 멀어져 가는 독자들 얘기를 했습니다만 독자들의 관심을 시로 다시 끌어오기 위해서는 '짧고 재미있는 시'의 역할이 필요할 것으로 보입니다. 그래서 사단시四短詩라는 네 마디 짧은 시를 시도하여 『운주천불』에 묶었던 것입니다.

그런데 『장닭 설법』에 수록된 작품들은 서사성을 중요시하다 보니 자연히 길어졌습니다. 산문시의 특성을 지닌 것들이 많다고 할 수 있습니다. 그러나 막상 읽어가면 별로 지루하게 느껴지지는 않을 것으로 생각됩니다. 앞으로는 서사성을 지닌 설화시라도 더욱 간결하게 표현해 보도록 노력해 볼 작정입니다.

홍 그러니까 독자로부터 소외당한 오늘의 현대시가 안고 있는 문제를 해결하는 한 방편으로 임보 시인께서는 독자들이 부담없이 읽고 즐길 수 있는 짧고 재미있는 시를 쓰자는 제안을 한 것이군요. 그런데 시에 재미를 부여하는 것은 서사성뿐만 아니라 다른 요소들도 생각해 볼 수 있지 않겠습니까?

임 물론입니다. 흥미를 유발하는 방법은 다양할 것입니다. 흥미로운 소재 선택의 문제에서부터 그 소재를 흥미롭게 다루는 구성의 문제 그리고 효과적인 표현에 이르기까지 이루 다 헤아릴 수 없겠지요. 모호한 상징, 눈부신 비유, 예상을 뒤엎는 역설 등 흥미를 유발하는 장치는 다양합니다. 그 가운데서도 특별히 관심을 기울여야 할 것은 운율의 중요성에 대한 인식이라고 생각합니다.

홍 우리의 현대시에서 율격이나 압운 같은 운율에 관심을 기울이는 시인은 별로 많지 않은 것 같은데 운율이 그처럼 중요한 까닭을 어떻게 설명할 수 있겠습니까?

임 음악이 우리에게 감동을 불러일으키는 것은 그 리듬 때문입니다. 시가 감동적인 것 역시 내용과 더불어 그 운율의 몫이 적지 않다고 봅니다. 아직도 많은 사람들이 소월이나 미당의 시에 심취하는 것은 그 운율성 때문이라고 해도 과언이 아닙니다. 그런데 현대시는 시가 운문이라는 사실을 아예 망각하고 만 것 같습니다. 마치 자유시는 운율로부터도 해방된 것처럼 잘못 생각하고 있는 것 같습니다. 그러나 분행 배열한 모든 시에는 자동적으로 운율이 형성되게 마련입니다. 그러므로 표현하고자 하는 의미나 이미지에 얼마나 잘 어울리는 운율을 실현시키느냐가 흥겨운 시를 만드는 관건이 아닐 수 없습니다. 운율에 무관심한 시인의 작품은 마치 찢어진 누더기를 걸치고 있는 신사에 비유해도 좋을 것 같습니다.

홍 아까도 그런 말씀이 없지 않았습니다만 시를 너무 흥미 위주로 만들다 보면 통속화 될 염려도 없지 않은데 그 문제에 대해서는 어떻게 생각하시는지.

임 통속소설처럼 시도 흥미에 기울다 보면 통속시로 전락하지 않을까 하는 우려지요? '흥미' 가 시의 목적이라면 그런 염려를 할만도 합니다. 그러나 흥미는 목적이 아니라 무엇인가를 전달하기 위한 수단이어야 합니다. 그 무엇을 나는 시정신이라는 말로 즐겨 사용합니다. 시에서의 재미나 흥미는 그 작품 속에 담겨 있는 시정신을 효율적으로 전달하기 위한 수단이어야 한다는 것이지요. 흔히 쓰는 비유입니다만 과일의 맛과 영양분의 관계로 이해하면 쉬울 것 같습니다.

홍 그렇다면 시정신이 문제가 되겠군요. 시정신이 무엇인지 설명해 주셨으면 합니다.

임 시정신을 몇 마디로 설명한다는 것은 어려운 일입니다. 넓게 생각하면 지금까지 쓰인 모든 시들 속에 담겨 있는 정신의 총체를 포괄해야 되는 일이니까요. 그러나 세상 사람들이 즐겨 읽는 좋은 시 작품들 속에 공통적으로 들어 있는 정신이라고 한정한다면 그렇게 어려울 것도 없습니다. 고전적인 훌륭한 작품들 속에 서려 있는 정신은 '바람직한, 건전한 것' 입니다. 소위 동양의 전통적인 시관인 사무사思無邪나 온유돈후溫柔敦厚의 정신이 주도하고 있습니다. 진 · 선 · 미를 소중히 여기고, 지조, 염결, 친자연을 지향하는 정신입니다. 나는 이를 우리 선조들의 선비정신과 통하는 것으로 봅니다. 바람직한 시정신은 곧 선비정신이라는 생각이지요.

무릇 모든 언술은 욕망의 표현입니다. 그런데 좋은 시에 담긴 시인의 욕망은 세속적인 욕망과는 다릅니다. 말하자면 세속적인 욕망을 넘어서고자 하는 승화된 욕망입니다. 시인에게서만 볼 수 있는 고결한 정신입니다. 바로 선비정신이지요. 나는 이를 시정신의 전범으로 삼고자 합니다.

홍 요즈음 발표된 시들 가운데는 겉으로 보기에 산문과 구분하기 어려운 글들도 적지 않은 것 같습니다. 말하자면 문체상 시와 비시의 구분이 애매한 것들도 없지 않은데 이럴 경우 시로 불릴 수 있는 글이 되려면 시정신이 문제가 되겠군요.

임 자유시는 특정한 형식의 규제를 받지 않으니까 외견상 산문에 가까운 시들도 적지 않습니다. 그럴 경우 시정신을 시와 비시를 구분하는 평가의 기준으로 삼아도 무방할 것 같습니다. 뿐만 아니라 바람직한 시와 그렇지 못한 시를 구분하는 경우에도 시정신이 평가의 한 바로미터가 될 수 있을 것으로 보입니다.

홍 요즈음 시의 감동성 회복에 관한 자성의 목소리가 높은데 어떤 시가 좋은 시라고 생각하십니까?

임 예술 작품을 놓고 그 우열을 따지는 것은 매우 어려운 문제입니다. 보는 이의 개성과 가치관과 성향이 제각기 다르기 때문에 객관적인 평가는 가능하지 않습니다. 그러나 좋은 작품은 역시 많은 사람들에게 공감을 불러일으킵니다. 말하자면 많은 사람들이 읽고 감동을 하게 된다면 좋은 작품이라고 할 수 있을 것입니다. 앞에서 거론한 바 있는 시에서의 재미의 문제도 궁극적으로는 감동성의 문제로 귀결되는 것이라 하겠습니다. 현대 자유시는 아무런 제약이 없습니다. 따라서 감동적인 언어

구조물을 만들어낼 수 있다면 어떠한 내용과 형식도 허용될 수 있다고 봅니다.

홍 앞으로 어떤 경향의 작품들을 계획하고 계시는지 말씀해 주실 수 있겠습니까?

임 아직도 욕심은 많습니다. 십여 년 전부터 계획하고 있었던 잠언시집 『산상문답山上問答』을 마무리 지어야겠는데 잘 진전이 되지 않는군요. 연시戀詩 연작인 『푸른 가시연꽃의 노래』도 시집으로 묶어볼 생각입니다. 격조를 지닌 육담肉談을 소재로 한 '육시肉詩', 토속적인 들꽃을 노래한 '야생화시' 도 계속 써보고 싶고, 한편 아름다운 산문에 대한 유혹도 떨쳐버리지 못하고 있습니다.

홍 좋은 말씀 많이 들었습니다. 오늘의 대담은 이것으로 마무리 짓도록 하겠습니다. 더욱 좋은 글 많이 쓰시기 바랍니다.

임 감사합니다.

장닭 설법

지은이 | 임보

펴낸이 | 김재룡

펴낸곳 | 도서출판 Poetics 시학

1판 1쇄 | 2007년 1월 5일

주소 | 서울시 종로구 명륜동1가 42

출판등록 | 2003년 4월 3일

전화 | 744-0110

팩스 | 3672-2674

ISBN 89-91914-18-7 03810